横浜大洋ホエールズ

1978年～1992年

マリンブルーの記憶

ベースボールマガジン編集部／編
飯島智則／著

横浜大洋ホエールズ 1978年〜1992年 マリンブルーの記憶

プロ野球 球団ドラマシリーズ

CONTENTS

文・構成　飯島智則
写真　ベースボール・マガジン社
校閲　中野聖己
装丁・デザイン　イエロースパー

本書はベースボールマガジン２０２１年１月号『横浜大洋ホエールズ マリンブルーの記憶』の内容を再掲載し、加筆・修正したものです。

prologue
プロローグ

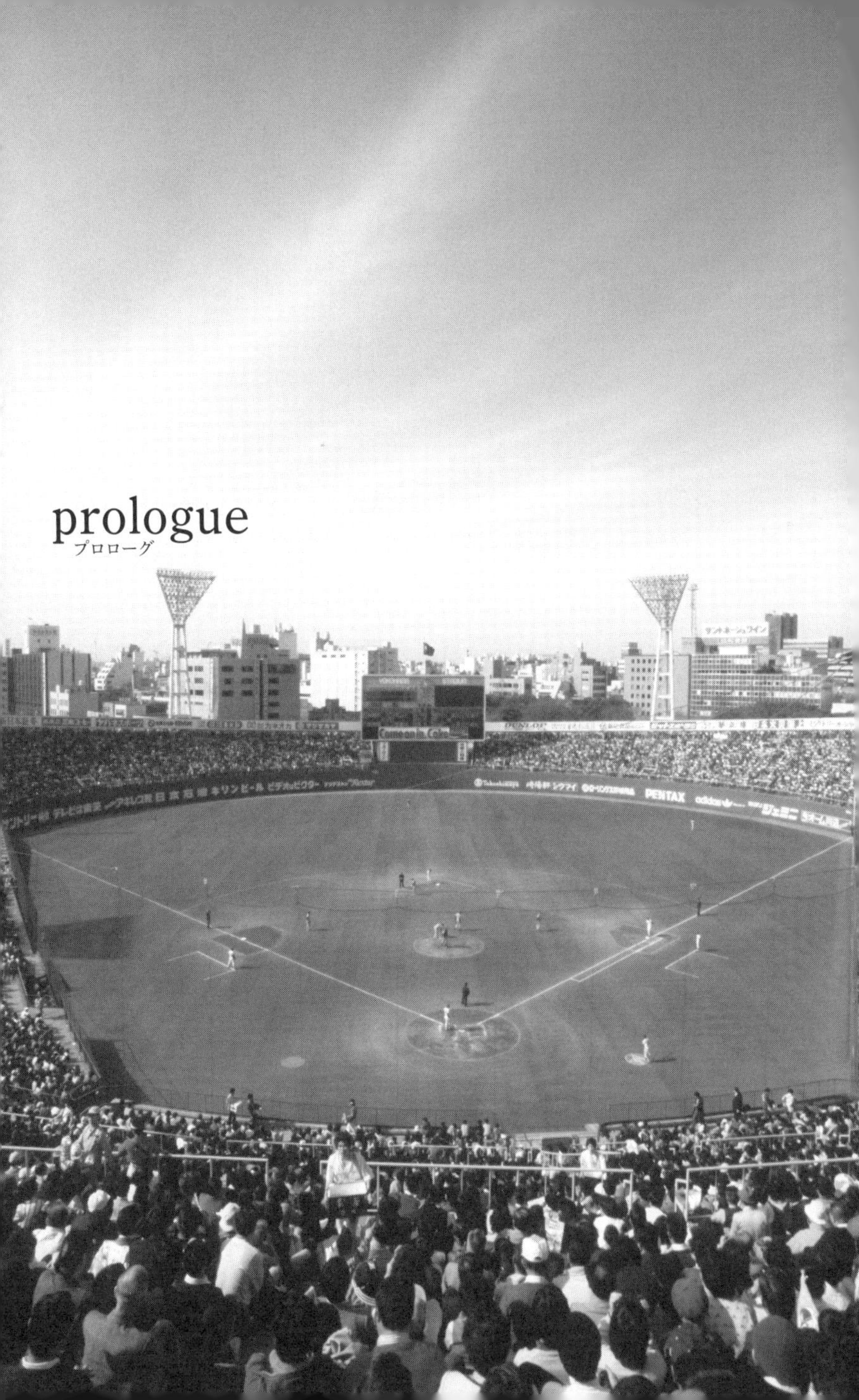

プロローグ

ＪＲ桜木町駅から紅葉坂を上がっていくと、「横浜総鎮守・伊勢山皇大神宮」がある。横浜開港から11年、１８７０年（明治３年）に建立された横浜を代表する神社である。

１９７８年（昭和53年）３月30日。

この年から横浜に移転してきた横浜大洋ホエールズの選手たちは、歴史ある伊勢山皇大神宮で優勝祈願をしてから、10台のオープンカーに分乗して神奈川県立博物館に向かい、パレードに臨んだ。

午後０時20分に県立博物館をスタートし、馬車道、伊勢佐木町と約２キロの道のりに、約３万人のファンが集まった。伊勢佐木町の大型書店「有隣堂」の前では身動きできないほどの人が集まり、くす玉が割られて紙吹雪が舞った。

横浜市民の歓迎ぶりが表れていた。

約２カ月前の１月17日、神奈川県民ホールで開かれた「横浜大洋ホエールズ激励会」には約2000人ものファンが訪れた。参加申し込みを受け付けてから、わずか2日間ですべてが売り切れるほど注目されていた。

この1月限りで市長を退く横浜市の飛鳥田一雄市長は、横浜スタジアムの建設に尽力してきただけに「横浜の子どもたちに生のプロ野球を見せてあげるのが市長としての夢でした」と感慨深そうに挨拶した。

神奈川県の長洲一二知事は「私のあだ名はナガスクジラです」と、クジラを意味するホエールズとの縁を語って笑いを取った後「横浜市民はもとより、神奈川県民の願いは横浜大洋と川崎ロッテで日本一を争うこと。選手の皆さん、この夢をかなえてください」と激励した。

前年まで川崎球場を本拠地にしていた大洋ホエールズは、7年連続でBクラス、前々年1976年、前年1977年と2年連続で最下位に落ち込んでいた。

1960年（昭和35年）に初優勝した後、Aクラスは5回だけ。1965年（昭和40年）から1973年（昭和48年）まで続いた巨人のV9時代も終わり、大洋としても優勝戦線に絡みたい思いは強かった。

パレードを終えた後、中部新次郎オーナーが別当薫監督に声をかけた。

「こんなに歓迎されるとは思わなかった。ぜひ、横浜の皆さんの期待にこたえなくては。秋には優勝パレードをしないといかんね」

「そうですね」

別当監督は、あらためて決意を固めるように真顔で答えた。

選手たちの間でも優勝パレードの話が出ていた。チームリーダーの松原誠はファンへの挨拶でも「優勝して、この感激をもう一度味わいたい。頑張ります」と口にしている。


1960年（昭和35年）、三原脩監督のもとで初のセ・リーグ優勝、日本シリーズ制覇を果たし、川崎球場から東京・丸の内の大洋漁業本社までパレードしている。このとき以来18年ぶりのパレードだった。

「優勝してもう一度」という思いは、球団の誰もが胸に秘めていた。

しかし、次に横浜市内をパレードするまで20年もかかる。そのとき、球団名は「横浜ベイスターズ」に変わっていた。

ともに日本一に輝いた大洋ホエールズ、横浜ベイスターズの狭間に存在した横浜大洋ホエールズは、優勝と縁の遠いチームだった。

それでも、今なお多くの人々の記憶に、あのマリンブルーのユニフォームが刻み込まれているのはなぜだろうか？

負けた。でも、愛された。

横浜大洋ホエールズの15年間を振り返っていきたい。

第１章　横浜にプロ球団がやってきた

エース・平松の白星で始まった

横浜に移転した1978年（昭和53年）のオープン戦、横浜大洋は9勝4敗4分の首位で終えた。

2年連続最下位、そして前年はチーム防御率4・94とリーグ最低だったチーム状況を考えれば、オープン戦とはいえ大きな変化といっていい。

なお、新しい本拠地の横浜スタジアムはオープン戦で一度も使っていない。ギリギリまで工事を続けていたためで、選手たちは開幕直前の3月28日から3日間を新しい本拠地で練習する予定になっていた。

初練習となる3月28日は雨のためグラウンドは使えなかったが、ロッカールームなどを見て「広い」「川崎球場とはまったく違う」という声が飛び交った。

翌29日にグラウンドに出た際は、人工芝の状態を入念にチェックしている。前年までの川崎球場は土のグラウンドだった。

松原誠は「後楽園よりも柔らかい感じです」と感想を口にし、ショートを守る名手の山下大輔は「芝の継ぎ目にあたると若干コースが変わる程度でイレギュラーはほとんどない。実に守りやすい」などと語っている。

山下は前年８月28日の広島戦（川崎球場）から無失策を続けていた。これは３２２守備機会無失策の新記録（当時）まで伸びたが、初年度の横浜スタジアムで途切れてしまう。５月６日のヤクルト戦、７回先頭の山下慶徳が放ったショート右寄りのゴロに対し、少しばかり捕球のタイミングがずれ、一塁を守るダニー・ウォルトンの右側へそれてしまった。

名手の失策から、この回８点を失い、大洋は５対14で大敗した。山下は試合後「まずかったですね。これから、また出直します」と語っている。

また、高くそびえ立つ外野フェンスについては、中塚政幸が「ラバーへの打球は全力で突っ込めるから、かえって処理しやすい。コンクリートにしても、ライナーの打球であれば野手よりもボールの方が早いわけで十分に判断できる」と、対応策を口にしている。

人工芝は、現在と比べると品質がよくなかったようだ。

山下は「当時は今と違ってグラウンドが硬かったですね。内野手としては慣れるまでに戸惑うこともありました」と言う。

また、3年後に入団してスーパーカートリオの一角として活躍した高木豊は「当時はコンクリートの表面にラバーが張ってあるだけで、スパイクの歯が（芝に）入らない。雨が降ったら半端なく打球が速かった。走ると足がパンパンになった」。

同じく俊足でならした屋鋪要も「今みたいなチップが入った毛足の長い人工芝だったら、選手寿命はもう2、3年延びていたかもしれません」と話している。

開幕戦は4月1日、ビジターの中日戦（ナゴヤ球場）だった。

開幕投手はエース・平松政次。

1970年（昭和45年）に25勝、翌1971年に17勝を挙げて2年連続の最多勝に輝いたエースは、肩痛もあって、次第に衰え始めていたが、それでも前年まで9年連続で2ケタ勝利を挙げるなど、依然として投手陣の大黒柱だった。

1回裏に一死満塁のピンチを招くも無失点で切り抜ける。2回には藤波行雄にタイムリーヒットを浴びて1点を失うも、次第に調子を上げて、4回以降は1人の走者も許さない完全投球を見せた。

打線では、松原が初打席に星野仙一からホームランを放つなど3安打と活躍し、チームは3対1で勝利した。

勝ち投手になった平松は「初回にああなるとは思わなかったが、あの満塁を抑えて楽になった。シュート、シンカーがよかった。特にシンカーは速いのと落ちるのを使い分け、30球近く投げた」と勝因を語った。

平松にとっては7度目の開幕投手だが、前年に故障で出遅れただけに「今年が勝負。がむしゃらに突き進む」と、強い意欲を持って臨むシーズンだった。

前年の1977年（昭和52年）は1月にぎっくり腰を起こしてキャンプに参加できず、復帰したと思えば、肘、肩を痛めて離脱するなどケガが相次ぎ「ガラスのエース」という不名誉な呼ばれ方をした。

平松といえば、「巨人キラー」の称号が有名だ。巨人戦に強く、通算201勝のうち51勝が巨人戦と、金田正一の65勝に次ぐ歴代2位の記録として今も残る。

なかでも長嶋に対して抜群の強さを誇り、打率1割9分3厘に抑え込んでいた。その原動力は「川上（哲治）監督に平松を取っておけばよかったと思わせたい」という思いだったと、平松は後に振り返っている。

平松が日本石油に所属していた1966年（昭和41年）のドラフト直前、巨人が1位指名を確約したが、名前はなく、大洋に指名されたことを忘れていなかった。

平松は巨人ファン、長嶋ファンだったという。大洋に入団した1967年（昭和42年）には1年間だけ、長嶋と同じ背番号「3」を着けている。投手に珍しい番号を選んだのも、長嶋に憧れる思いからだった。

「昭和33年、私が小学5年のときに長嶋さんが巨人に入り、長嶋さんと一緒に巨人でプレーしたいという夢を思って進んでいきました」

憧れの巨人、そして長嶋に向かっていくピッチングは、大洋ファンだけでなく、多くの野球ファンから拍手喝采を浴びた。

なお、代名詞の「カミソリシュート」も、長嶋が「カミソリみたいだ」と評したことがきっかけになったといわれている。

後年、平松の200勝記念パーティーで、長嶋が秘話を明かしている。平松との対戦で、いつも通りにバットを長く持って打席に入り、ボールが来るまでに短く持ち直していたという。

「巨人の４番打者がバットを短く持って打席に入ることはできません。でも、長く持ったら、あのシュートは打てない。だから瞬間的にそうしたんです」

その長嶋が指揮を執る巨人が、２カード目の横浜スタジアム初試合の相手だった。巨人キラーの平松を新たな本拠地での初戦に回す方法もあったが、別当監督は平松にはシーズン最初の試合を任せた。

そして、横浜スタジアムのこけら落としは、２年目の斉藤明雄（１９８２年より斉藤明夫）に託した。

斉藤明雄の完投勝利

１９７８年（昭和53年）４月４日の午後３時、開門されると、ファンが次々に横浜スタジアムに飲み込まれていった。

横浜にやってきたホエールズが、新しい球場で初めての試合を行う。相手が巨人でもあり、チケットの売れ行きは好調だった。３連戦の内野券計３万３０００枚を郵送

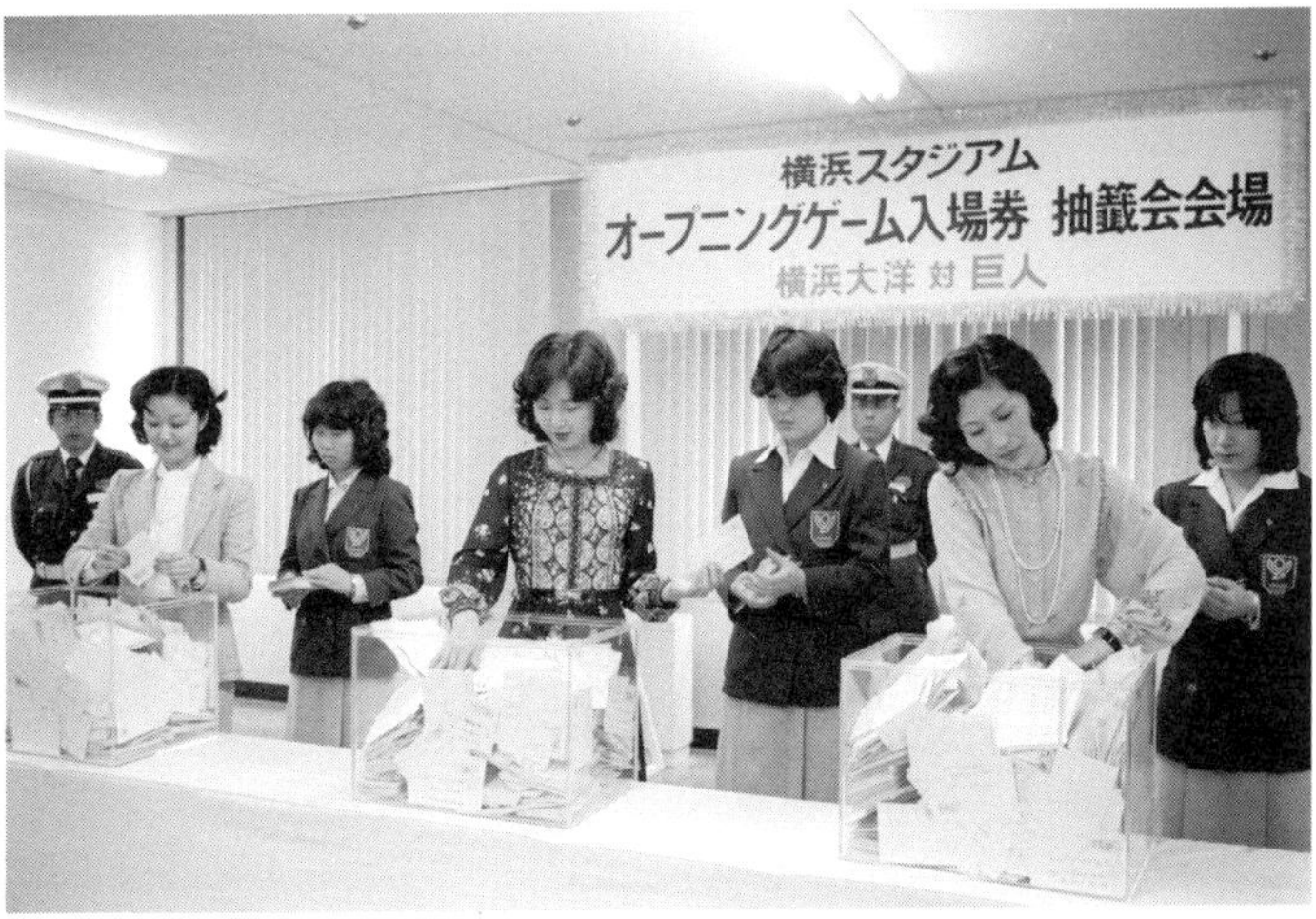

▲横浜スタジアムでのオープニングゲームのチケットには、17万通以上の応募が殺到した

で受け付けたところ、17万2000枚のハガキが届いた。外野席は当日券で5200枚を売り出したが、徹夜組も出て、開門時間には売り切れていた。

球場に足を踏み入れた人々は、初めて見る円形スタンド、横浜の頭文字「Y」をイメージした6基の照明、そしてカクテル光線に映える真新しい人工芝に魅了されていた。

雨模様の中でセレモニーが行われた。

1934年（昭和9年）に来日したベーブ・ルース、ルー・ゲーリックを記念して、右翼ポールを「ゲーリック・ポール」、左翼ポールを「ルース・ポール」と名付け、両選手のレリーフの除幕式が行われた。

両選手はすでに他界していたが、ゲーリックのエレノア夫人から「横浜は新婚旅行の思い出の地。ルーの名前が永久に残って光栄」というメッセージが届いた。

始球式に臨んだのは、1月に退任したばかりの前市長、飛鳥田一雄氏。市長時代、横浜スタジアムの完成に尽力した人物だった。マウンドの3メートル前から投げたが、ホームプレートよりも前でワンバウンドした。飛鳥田氏は「いや、昨年から五十肩で……」と苦笑いしていた。痛み止めの注射を打っての登板だったという。

午後6時20分、松橋慶季球審の手が上がり「プレーボール」が宣告された。松橋球審は横浜市民でもあり「自慢の新球場の開幕戦で球審とは光栄です」と感激の面持ちで試合に臨んでいた。

記念すべき第1球を投げたのは斉藤明雄だった。前年1977年（昭和52年）に新人王を獲得した2年目の若手は、前年8勝のうち半分の4勝を巨人戦で挙げていた。

そのうちの1勝は、巨人戦でのプロ初完封だった。王貞治の世界タイ記録がかかる

8月30日の巨人戦（後楽園）で、王を右前打だけの3打数1安打に抑えた。なお、王は翌8月31日の大洋戦でハンク・アーロンに並ぶ755号、9月3日のヤクルト戦で新記録となる756号ホームランを放っている。

まだ平松ほどの実績はなかったが、斉藤も「巨人キラー」の片鱗を見せていたといっていい。別当監督は大舞台に強い斉藤の度胸にかけて、記念すべき試合の先発を託した。

斉藤が移転当初を振り返る。

「横浜スタジアムは外観がメジャーの球場みたいでいいなと思いました。中に入ってもロッカールームは広くて余裕があって、快適でしたね。風呂も広く、何人でも一緒に入れる。川崎球場とは違う（笑）。グラウンドも照明灯がYの字でカッコいい。川崎はナイターだと暗かったけど、それもなくなったからね」

両翼94・2メートル、中堅117・7メートルと、当時の球場では最大級。しかも、金網を入れると4・3メートルの高さがあるフェンスも特徴的だった。

ロッカールームや照明といった施設だけでなく、グラウンドの変化は野球そのものに影響があった。

「フェンスも高くてホームランが出にくそうだったし、ピッチャーにとっては最高でしたね。どこに投げてもホームランは打たれないだろうと思いました」

最初の試合から、その効果が存分に発揮された。

斉藤は１回表、先頭の柴田勲に二塁打を打たれ、併殺の間に１点を奪われた。しかし、２回以降は得点を与えない。９回を６安打１失点。試合は４対１で勝利を収めた。

新球場では投手交代の際にオープンカーを使った。これに乗って初めて登場したのは巨人・西本聖。５回途中で先発の小林繁がＫＯされ、２番手としてオープンカーでマウンドに上がっている。

記念すべき試合で勝利を挙げた斉藤は、試合後「王さんの世界記録がかかった昨年の完封もうれしいが、今日はそれ以上。だって横浜スタジアムのこけら落としだし、新スタジアムの初勝利は永久に名前が残るんですからね」と、喜びのコメントを残している。

斉藤はその２日前、開幕２戦目の中日戦（ナゴヤ球場）でサヨナラ負けを喫していた。ダブルヘッダーの第１試合、６対６の８回裏からリリーフのマウンドに立ち、この回こそ3者凡退に抑えたものの、9回裏先頭の代打・井上弘昭にサヨナラホームランを浴びた。

この試合後、斉藤が発したコメントからは大きなショックがうかがえる。

「打たれたのは外角真ん中のストレート。甘くなって中に入ってしまった。一発を狙ってくるのは分かっていたのですが……サヨナラホームランなんて野球をやっていて初めてです」

この夜、父の秀夫さんから電話がかかってきた。

「たった1試合でクヨクヨするんじゃない」

幼少時から厳しく育ててくれた父の言葉で、斉藤は気持ちを切り換えられた。

また、斉藤は先輩たちからも、打たれた後、負けた後の立ち居振る舞いを指導されたという。後年、こんな思い出を話している。

「賑やかで落ち込むことのないチームでしたね。連敗しても前向きに、みんなで一生懸命やろうぜと誰かが声を出していました。僕が若手の頃、松原さん、山下さん、中塚さんといった先輩から『下を向いて歩くな』と、よく言われましたね。『投手がオドオドしていたら、後ろを守っている野手からすぐ分かるんだぞ。攻めた結果ならいいんだ』と。だから1年目から大胆に投げられたのかな」

斉藤はこの勝利をスタートとして、横浜大洋ホエールズの15年間で１２０勝を挙げた。５５７試合に登板して１２０勝１１６敗１３３セーブ。防御率３・44。

１００勝を挙げたのは斉藤と、遠藤一彦の２人しかいない。印象度はもちろん、数字の上からもチームを支える大黒柱だった。

広い横浜スタジアムになり、打線も変化が見えた。開幕試合で13安打４得点。

相手投手の巨人・小林繁のコメントが印象深い。

「大洋は変わった。あれほど一発を狙ってきたチームが、ホームランの色気を捨てたようだ。カーブを引っかけさせようと思ったら、逆らわずに打ち返してきた」

最下位に沈んだ前年１９７７年(昭和52年)はホームランに頼るチームだった。ホームランが出た試合は平均５・７得点で、44勝45敗８分とほぼ五割だが、出ない試合は平均２・７点で７勝23敗３分と惨敗している。

本拠地の移転を契機として、ホエールズの野球が変わるのではないか。そんな期待が膨らむ初試合だった。

港町に似合うブルーのユニフォーム

新しい球場だけでなく、一新されたユニフォームも人々の目を引いた。

ホーム用のユニフォームは白地で、胸に書かれた「ＹＯＫＯＨＡＭＡ」の文字やラインは紺色。これは大リーグ、ニューヨーク・ヤンキースをまねたデザインだった。ビジターは上着が紺で、パンツはグレー。胸には、白い文字で前年までと同じように「ＴＡＩＹＯ」と書かれていた。こちらはアメリカン・フットボールのスタイルにヒントを得てデザインされた。

特徴的なのは胸の文字である。

プロ野球のユニフォームは、ホーム用はニックネームで、ビジター用は親会社名か都市名が基本になっている。前年までの大洋ホエールズも、ホーム用は「ＷＨＡＬＥＳ（ホエールズ）」、ビジター用は「ＴＡＩＹＯ」だった。

その基本に逆らって「ＹＯＫＯＨＡＭＡ」という都市名を入れたのは、新たな本拠地となった横浜市に根付きたいという球団の強い思いが込められていた。

新ユニフォームを発表した1月17日の「横浜大洋ホエールズ激励会」（神奈川県民ホール）では、胸のマークについて「他球団は都市名をビジター用に使いますが、横浜市とより密着する意味で、あえてホームゲーム用に横浜のマークを入れました」とアナウンスされ、会場からは大きな拍手が巻き起こった。

前年までは、いわゆる湘南カラーと呼ばれたオレンジとグリーンという特徴的な色彩だった。それに比べると、やや地味な印象だったかもしれない。

さらにパンツはベルトレスからベルト式に戻された。これは「ベルトがないと力が入らない」という選手の声があっての変更だった。

湘南カラーは、山下大輔の出身地・静岡の名産であるお茶とみかんをイメージしたという説もあった。

その山下も、横浜移転後のユニフォームに好印象を抱いている。

「すっきりしましたよね。国際都市・横浜にふさわしい感じになりました。シンプルだけどいいユニフォームだと言われることが多かったです。僕自身も気に入っていました」

スラッガーの田代富雄は、歴代のユニフォームを着ている。大洋ホエールズ、横浜大洋ホエールズ、横浜ベイスターズ、横浜ＤｅＮＡベイスターズ……２０００年（平成12年）から２０１０年（平成22年）まで存在したファームチーム「湘南シーレックス」のユニフォームにも袖を通している。

「横浜大洋ホエールズのユニフォームは、すっきりしたデザインで、当時の12球団で一、二を争うぐらい評判がよかったんじゃないですかね。あのカラーが港町の横浜に合っているという記事を読んだことがあります。胸のマークが「ＹＯＫＯＨＡＭＡ」になったのも、地元密着をアピールするためだったと聞いています。ただ、川崎時代のオレンジと緑のユニフォームもファンの方の印象に残っていて、僕の場合はそっちのイメージが強いみたいです」

なお、横浜大洋ホエールズだった１９７８年（昭和53年）から１９９２年（平成４年）までの15年間、ユニフォームは一度もモデルチェンジをしなかった。

厳密にいうと、関根潤三監督が就任した１９８２年（昭和57年）に帽子の形が変更されている。帽子のフロント部分にアーチ型の台が取り付けられた。

近鉄バファローズの帽子にも使われていたもので、バファローズはその部分が色違いなので目立っていたが、ホエールズの場合は同じ紺色だったので、変化に気付く人は少なかっただろう。

帽子のマークは、ホエールズの頭文字「W」とシンプルに描かれていた。

横浜スタジアムの歴史

横浜スタジアムは新しい球場だったが、その歴史は長い。

横浜開港から間もない１８７４年（明治7年）、現在の球場がある横浜公園に居留外国人のための公園が造られた。この一角にクリケット場があった。

クリケットは野球の原型といわれているイギリス発祥のスポーツ。投手は、打者の後ろにあるウィケットという3本の柱に向かってボールを投げ、打者は投手の後ろにあるウィケットに当たらないよう打ち返す競技である。

クリケット場もある公園ができる2年前、日本に野球が伝わったとされる。

１８７２年（明治5年）、アメリカ人の教師、ホーレス・ウィルソンが、第一大学区第一番中学で英語や数学を教えるかたわら、生徒に野球を教えていたとされる。同中学は翌年に開成学校となり、今の東京大学につながる。いくつかある野球伝来の説の一つで、「明治5年説」と呼ばれている。

日本で野球が産声を上げ、広まっていこうとする時代だった。

この公園で、1896年（明治29年）5月23日に日本初の国際親善野球、旧制一高（現在の東大）と在住米国人チームの試合が行われた。

全盛を誇った一高は29対4で大勝。悔しがった米国人チームは再戦を挑むが、一高が32対9と連勝した。この勝利が、野球人気を大いに高めたといわれている。

その後、外国人居留地制度が廃止され、外国人のための公園は横浜市の管理下に入って横浜公園となった。

1923年（大正12年）9月に関東大震災が発生し、横浜公園内には被災者の仮収容施設が設けられたが、数年後には震災復興事業として、現在の横浜スタジアムと同じ場所に本格的な野球場「横浜公園球場」が造られた。

1929年（昭和4年）、こけら落としとなる早稲田大と慶応大……早慶戦の新人戦は超満員の観衆1万5000人を記録した。

さらに1934年（昭和9年）、読売新聞社の主催でベーブ・ルース、ルー・ゲーリックら全米チームを招き、沢村栄治らを擁する全日本チームとの間で日米親善試合が開催された。

スタジアムの左右ポール際のフェンスに作られたレリーフは、このときを記念している。

横浜での試合は同年11月18日に行われた。

全日本　200 001 001＝4
全米　241 203 81×＝21

全米ではルースが2本、ゲーリックが1本のホームランを放っている。

日本は大敗を喫したが、9回二死から井野川利春がこのシリーズ初のホームランを放った。

1945年（昭和20年）に太平洋戦争が終結すると、関内など横浜市の中心街は大部分が駐留軍に接収され、横浜公園も例外ではなく「ゲーリック球場」と名付けられた。球場には今と同じ6基の照明灯が設置され、1948年（昭和23年）6月14日には学生野球で初のナイター、立教大—慶応大の試合が行われた。

午後7時40分に始まった試合には、内外野にあふれたファンがフィールド内になだれ込むほどの人気だった。試合は7対1で立教大が勝利を収めている。

同じ年の8月17日の巨人—中日では、プロ野球でもナイターが開催された。プロ野球にとっては初のナイターで、のちに「ナイター記念日」にも制定されている。

8月19日付の日刊スポーツでは、次のような記事で伝えている。

「何しろプロ・プレーヤーもファンも初めて経験する夜間試合である。珍しさ、涼しさ、巨人横浜にあらわるの三重奏で、この日の昼間ゲーム阪神対大陽戦はわずか4千名ぐらいだったハマっ子愛球家も、夜には約5倍の2万人に近い超満員の盛況。一、三塁側内、外野スタンド境目入口からあふれたファンは、たちまちグラウンド内にスペシャルシートを築き上げる。それでも場外には前売券を持ちながら入場できない数千名の人々が右往左往」

照明は十分な明るさでなく、8回に巨人・川上哲治が放った打球でトラブルが起きた。ライトオーバーの打球がバウンドした後、柵に入ったかどうかの判定でもめた。柵に入っていればエンタイトル二塁打、入っていなければインプレーというわけである。約10分間協議した上、審判の判断により二塁打となっている。

なお、この日はアメリカで英雄ベーブ・ルースが死去した日でもあった。米国時間8月16日午後8時1分、喉頭がんのため53歳で亡くなった。一報はすぐに日本へも伝わり、プロ初のナイター試合前、両チームの選手がルースに対して黙祷をささげている。

ゲーリック球場は1952年（昭和27年）に接収が解除され横浜市に返還されると、1955年（昭和30年）に改修を行い、名称は「横浜公園平和球場」に改められた。以後、高校野球や社会人野球を中心に試合が行われ、横浜市民には「平和球場」の愛称で親しまれてきた。

プロ野球の公式戦も1955年（昭和30年）に8試合、1956年（昭和31年）に6試合、1957年（昭和32年）に5試合が行われたが、以降は数を減らしていき、1967年（昭和42年）の2試合が最後の公式戦となった。

球場は年々老朽化し、スタンドのコンクリート部分が劣化したことから1970年（昭和45年）にはスタンドの上半分が使用禁止になった。さらに1971年（昭和46年）からは高校野球での使用を中止した。

横浜の一等地にある野球場は、有名無実化していた。

横浜移転の夢

大洋球団にとって、横浜移転は球団創設の直後から描いていた夢だった。

大洋ホエールズは1950年（昭和25年）、山口・下関市で誕生した。松竹ロビンスとの合併で大洋松竹ロビンス（洋松ロビンス）となった時代は、下関と京都、大阪球場などを使っていた。

松竹が球団経営から撤退した1955年（昭和30年）から大洋ホエールズとして神奈川県に移ってきた。当初は横浜平和球場も検討されたが、スタンドが狭いこともあり、最終的に川崎球場に落ち着いた。

２０２４年（令和６年）は、球団が神奈川に移転して70年目の記念イヤーとあり、横浜ＤｅＮＡベイスターズでは「球団神奈川移転70年目プロジェクト～ありがとう神奈川。これからも共に。～」と銘打ち、観客を招待するなど、さまざまなイベントを実施している。

大洋が本拠地とした川崎球場は、駅から徒歩15分と立地条件も悪く、集客を伸ばせずにいた。

長崎慶一は新人のときの思い出を語っている。電車で川崎駅まで行き、駅前からタクシーに乗ったという。

「最初の頃は道が分からなかったからね。でも、タクシーに乗ったら、なかなか出発しない。聞いたら、お客さんが４人になったら出発するっていうんです。球場の隣の競輪場に行くお客さん同士が相乗りするのが習慣だったらしくて、驚きました。プロ野球と競輪が同時に開催されていると、競輪の方がお客さんが多かったんじゃないですかね」

一方の横浜市でも、平和球場の改修を望む声が高まっていた。横浜野球協会の会長を務めていた山口久像氏が中心となり、飛鳥田市長にも再三陳情するようになった。

これを受け、飛鳥田市長は1968年（昭和43年）3月の定例記者会見で「平和球場をフランチャイズにできる球団があれば、市民の討議を経て球場建設についての結論を出したい」と発言した。

さらに大洋球団は1972年（昭和47年）11月、横浜市に対し「平和球場が改修された折には本拠地を移転したい」と申し入れた。同年、「横浜平和球場再建推進協議会」が約18万6000人の署名を集めて、球場再建陳述書を提出した。

球団と球場の双方で、横浜移転に向けて動き始めた。

当時は神奈川県、横浜市ともに財政難にあり、資金面の問題が立ちはだかっていたが、飛鳥田市長は西武グループ総帥で、国土計画（コクド）社長の堤義明氏に話を持ちかけた。

1976年（昭和51年）には、国土計画が大洋球団の株45％を保有することになった。さらに1口250万円の市民株主を募るなどして資金の問題をクリアし、1977年（昭和52年）2月に株式会社横浜スタジアムが設立された。

市民株主には「オーナーズシート」といわれ、内野指定席を45年間使用できるという特典がついた。45年間は球場の耐久年数といわれており、その権利は2023年（令

▲解体中の横浜公園平和球場。横浜大洋ホエールズの誕生に向け、歴史の針が大きく動き始めた

和５年）に切れたばかりである。

なお、国土計画が保持していた45％の球団株は、西武グループがライオンズを買収した後、二重保有を禁止する野球協約に抵触するため売却し、ニッポン放送が30％、東京放送（ＴＢＳ）が15％を保有することになった。


１９７７年（昭和52年）４月には新球場建設がスタート。６月には大洋球団が横浜移転を正式発表するも、突然の発表は川崎市民の反発を招いた。

「大洋球団の横浜誘致に反対する

川崎市民総連合」が結成され、約54万人分の反対署名が集まる事態となった。

さらに仙台の宮城球場を暫定本拠地としていたロッテが、横浜市を本拠地に申し入れ、新球場を巡って大洋、ロッテ、横浜市、川崎市の間で騒動になってしまう。

最終的には神奈川県内での地域保護権を持つ大洋の希望が優先された。10月13日、中部新次郎オーナーが東京・丸の内の大洋漁協本社で、翌年から球団名を「横浜大洋ホエールズ」にすると公表した。

「本社の宣伝媒体はもちろんだが、プロ野球は地元との密着が不可欠だ。横浜の人々が〝私たちのチーム〟に親しみを持ってもらうために、横浜大洋ホエールズと改めたい。フランチャイズからすれば神奈川大洋ホエールズにすればいいのだろうが、ちょっとゴロが悪いからね」

なお、川崎球場は、大洋の代わりにロッテが本拠地にすることで落ち着いた。

大洋が出ていった後の川崎球場も大幅に改修している。

グラウンドが狭くてホームランが出やすいため、ロッテ・金田正一監督の要望でホームベースが左後方に1メートル下げられ、両翼90メートル、中堅118メートルになり、3メートルの高さだった外野フェンスが1～2メートル高くなった。

6基の照明灯のランプがすべて新品となった。前年までは白熱灯と水銀灯の組み合わせだったが、新開発のハロゲンなど3種類を加えて5種類のカクテル光線となり、これまでバッテリー間で1600ルクス程度だったが、2500ルクスまで明るくなった。

また内野スタンドの座席も、ロッテカラーの濃紺と赤に塗り替えられ、イメージを一新した。

改修にかかる予算は川崎市が約2億円、球場側が約5000万円を投じている。

15年ぶりの2位躍進も……

移転初年度の1978年（昭和53年）は、4位に終わった。

4月は7連勝するなど13勝8敗1分で2位につけ、5月にも7連勝があり、首位にも立った。

新しい本拠地で強さも発揮した。

5月20日の阪神戦（横浜スタジアム）では長崎慶一がサイクル安打を決めた。この日は「1番センター」で起用され、初回にレフト前ヒットを放つと、3回に三塁打、5回にライトへホームラン、そして8回にライトへ二塁打を放った。

「二塁塁審に〝おめでとう〟と言ってもらって、初めて分かりました。ラッキーとしか言いようがありません」

最後の二塁打は、阪神・伊藤文隆に対してタイミングが合わなかったため、2ボールになった後にバットを短く持って対応していた。

「これがズバリと当たりました」

4連勝と波に乗って迎えた5月23日の巨人戦（横浜スタジアム）ではミヤーンが満塁ホームランを放ち、巨人から首位を奪った。

2点を追う4回裏二死二塁、中塚政幸が打席に向かうと、巨人・長嶋茂雄監督はピッチャー小林繁に敬遠を指示した。ここから小林が崩れ、福嶋久晃、ウォルトン、平松も四球を選び、押し出しで同点。

ここで小林は右翼に回り、小俣進がリリーフするも、長崎も四球を選んで勝ち越しに成功した。

再びマウンドに戻った小林に対し、ミヤーンは初球のシュートを逃さず、左翼スタンド中段へ運んだ。

ミヤーンは来日初ホームランを放ち、大喜びだった。

「狙い通り。ハッピー、ハッピー」

翌24日には、打線が巨人・堀内恒夫を5回途中でKOするなど13安打9得点と大当たり。長崎が7号3ランを含む6打点と活躍した。このころは「ブルーライト打線」と称するスポーツ新聞もあった。いしだあゆみが歌う『ブルー・ライト・ヨコハマ』（歌詞・橋本淳、作曲編曲・筒美京平）から付けたもので、新しい本拠地である横浜を強調していた。

投げては野村収、大川浩、ルーキー門田富昭とつなぎ、6回途中からリリーフした斉藤明雄にハーラー単独トップの7勝目がついた。

巨人キラーと呼ばれていた斉藤は「こんなことを言っちゃ生意気かもしれませんが、やはり強いチームに対してはカーッと燃えてくるんですよ」と、対抗意識を燃やしていた。

さらに25日は門田のプロ初勝利で、巨人に3連勝、チームは7連勝、そして横浜スタジアム6連戦で全6勝となった。

試合後の別当監督はうれしそうに語っている。

「名前だけじゃ、うちは巨人には勝てない。だけど、どうだ。うちの選手たちは実に生き生きとしているだろう」

子連れルーキーの門田は、開幕前に夫人と約束をしていた。

「1勝したら門田がギターを買う」

「3勝したら夫人にエレクトーンを買う」

「5勝したら門田がビデオデッキを買う」

最初の目標をクリアした門田は「新人王はともかく、母ちゃんにエレクトーン、それに僕もビデオが欲しいですね」と喜んでいた。この年、門田はきっちり5勝を挙げた。

この巨人3連戦は新聞に「天王山の戦い」などと書かれ、新球場の物珍しさもあって、スタンドはすべて満席。チケットはプラチナ化していた。選手も知人からチケットを依頼される機会が多く、この3試合で選手用に700枚が用意されたが、これでも希望の5分の1程度だったという。

50〜60枚を手配したという松原、平松は「もっと欲しいんですけど、ないものは仕方がない」。沖山光利コーチは、断るのが大変だといって「この巨人戦の間はもう電話に出ない」と言っていたほどだった。

ここが横浜スタジアム初年度のもっともいい時期だった。

5月30日からの巨人3連戦（後楽園）では3連敗。6月に平松が離脱すると順位を落としていった。8月22日からの14試合で3勝11敗と落ち込んで4位に落ちると、そのまま再浮上できなかった。

結果的には7年連続のBクラスとなったが、64勝57敗9分。1971年（昭和46年）以来7年ぶりに勝ち越しと、翌年以降に希望をつなぐ移転1年目になった。

投手陣では、日本ハムから7年ぶりに戻ってきた野村収が17勝11敗4セーブで、最多勝とカムバック賞を受賞。斉藤は162奪三振で、最多奪三振のタイトルを獲得した。打撃陣では、松原はリーグ最多の164安打を放った。

翌1979年（昭和54）は、横浜大洋ホエールズとして最高順位となる2位につけた。

この年は優勝を狙うべくクラウンから基満男を、中日からジーン・マーチンを補強して臨み、4月7日のヤクルトとの開幕戦（神宮）では、田代が3ホーマーを放ち、平松が完封する最高のスタートを切った。

5月9日の阪神戦（横浜スタジアム）は21対0で完勝した。大洋は25安打で、新加入の基は6打数5安打3打点と大当たり。日本タイ記録となる1試合4本の二塁打を放った。

基は試合後に「知っていれば新記録を狙いましたよ。試合中に教えてくれればよかったのに」と残念がった。

ミヤーン、マーチンの外国人コンビはそろって4安打。山下大輔も3安打の猛打賞だった。

しかも、先発の平松はこの点差にもかかわらず完封勝ちした。

前年覇者のヤクルトが開幕から8連敗を喫したこともあり、一時は首位に立つなど健闘し、前半戦は首位の中日と3・5ゲーム差の3位で終えた。

後半戦に入ると広島が抜け出してゲーム差が広がり5位に転落。10月6日に広島の優勝が決定した後、チームは消化試合で張り切り、最終成績は1964年以来15年ぶりの2位となったが、後半戦は首位争いに絡めなかった。

投手陣は野村、平松、斉藤に加えて2年目の遠藤一彦が先発兼抑えとして活躍した。

平松が2・39で防御率1位となったものの、南海から移籍の佐藤道郎がセ・リーグの環境に慣れず成績を落とし、チーム防御率も4・05でリーグ4位に後退。打撃陣はマーチンが28本塁打を打ち、2位躍進の原動力となり、ミヤーンが首位打者を獲得するなどチーム打率はリーグ3位の・266を誇ったが、チーム本塁打は135本で最下位だった。

チームはAクラス争いの阪神に17勝7敗2分と勝ち越したが、優勝の広島に8勝16敗2分と負け越したのが大きく響いた。

第2章　長嶋招聘狂想曲

異例の公表人事

横浜大洋ホエールズの歴史を振り返る上で、長嶋茂雄を監督招聘に動いた話題は欠かせない。

なりふり構わぬ熱烈ラブコールは、巨人を解任されたばかりの長嶋の胸に響いただろう。大きな話題にもなった。

しかし、チーム強化という観点からすれば、大きな回り道だった。

長嶋は1980年（昭和55年）限りで巨人監督を解任された。6年間で2度のリーグ優勝をしたものの、球団初の最下位など2度のBクラスもあり、決して結果を出したとはいえなかった。

退団後は巨人フロント入りの話もあったが、長嶋は断って浪人生活……つまりフリーの身になった。どの球団が声をかけようとも自由である。実際、クラウンライター・ライオンズを買収した西武も声をかけていた。

ホエールズにとっては、新たな本拠地である横浜市に根付くためにも長嶋の人気が欲しかった。

横浜スタジアム移転後も観客動員は伸び悩んでいた。初年度の1978年は143万7000人、翌1979年は145万6000人と、新球場への興味もあって順調だったが、1980年になると139万人と下がっていた。

動きは早かった。

解任直後の12月31日、大洋漁業の中部藤次郎社長が、報道陣に対して明言した。

「長嶋さんはプロ球界の偉大な財産。このままにしておいてはいけない。巨人は近い将来、王（貞治）監督が誕生する運びですし、新時代にONが監督で対決するという夢をファンの前で実現させてみたい。大洋漁業にとって1980年は創業100年を迎えて1つの区切り。横浜が、大阪を抜いて人口で東京に次ぐNO・2の都市になったことでもあり、長嶋さん招聘のメリットは十分にある。オーナー（中部新次郎）とも相談して、はっきりした態度を打ち出したい」

ホエールズでは同年から生え抜きスターの土井淳監督が指揮を執り、4位につけていた。前年の2位から順位を下げたものの、翌年の再浮上に向けて取り組んでいるところだった。

そんなときに親会社のトップが、次期監督について言及したのである。スポーツ新聞などのマスコミが内部情報として記事にするなら分かるが、企業トップが明言するとは珍しい。長嶋の存在が別格とはいえ、土井監督としても複雑な思いだっただろう。

実際、チームもまとまらなかった。

1981年（昭和56年）は、前年に続いて米国アリゾナ州メサのキャンプから始まった。ところが、約64万円分の野球道具が盗難されるというアクシデントにも遭った。開幕カードの巨人戦を連敗でスタートすると、4月下旬には7連敗を喫して、この月を4勝12敗と大きく負け越して最下位に沈んだ。

5月も10勝14敗と負け越して順位は上がらない。6月は12勝5敗1分と勝ち越すも、7月は2試合の引き分けを挟んで7連敗。8月にも8連敗を喫した。

そして迎えた9月24日、大洋漁業の中部藤次郎社長が東京・大手町の大洋漁業本社で会見を開き、長嶋に監督就任を要請すると明言した。前日23日、藤田元司監督が率いる巨人のセ・リーグ優勝が決まり、ヤクルト戦に引き分けたホエールズの最下位も決定していた。

中部社長は、次期監督として長嶋と「第三者を通じて交渉中である」と明言し、感触について「いい線をいっているんじゃないですか。こちらの情報としては長嶋さんは大洋以外の球団は考えておられない。それ以外はあと1年浪人するとか、第三者から聞いております」と語った。

会見に先立ち、報道陣に配布した文書を一部抜粋する。

「長嶋氏につきましては、ご存知のように日本スポーツ界における冠たる存在であり、日本プロ野球界の財産であります。従って現状のチーム状況で大洋球団監督就任をお願いいたしますことは心忍ばれる気持ちもありますが、大きな観点から日本プロ野球のこれからの大いなる発展、素晴らしい野球ゲームを展開するとの使命達成のため、燃える人長嶋茂雄氏に大洋球団監督就任を要望いたすことになった次第であります。

大洋球団は横浜に拠し、来シーズンで四年目を迎える訳でありまして、横浜を本拠地として野球への情熱は大変大きいものがあります。また、横浜のもつ歴史あるボート・シティーとしてのすがすがしいイメージを考えますと素晴らしい横浜でその力量を十分発揮されることはまず疑いのないことと確信しております」

ここでも、本来は水面下で行われる監督人事が、表舞台で行われたわけだ。異例の公表について、中部社長は「今回の公表もその方（第三者）のアドバイスがあってのことです。長嶋さんも当然了承しておられます」と話した。

なお、同じ日のナイターで行われたヤクルト戦が終わると、武田五郎球団社長が土井淳監督に解任を告げた。翌9月25日からは山根俊英が監督代行を務めている。

土井監督は「新聞などで、このような（長嶋氏招聘の）話があるということは知っていた。自分では優勝できるチームに育てようと思って頑張ってきたつもりだが、こんな成績に責任を感じている。新しい監督が決まれば、大洋の将来について、じっくり話し合ってみたい気もする」と話した。

土井監督は1956年（昭和31年）、明治大からエース秋山登とともに大洋に入団し、1960年（昭和35年）の日本一にも正捕手として貢献している。生え抜きスターである。

だが、中部謙吉オーナーの不興を買って監督就任まで時間を要した。

現役引退後の１９６９年（昭和44年）から一軍バッテリーコーチを務めたが、「外から野球を見たい」と１９７３年（昭和48年）限りで退団し、翌年からフジテレビの解説者になった。

この後、中部オーナーは「土井くんは大洋を辞めた人間だから」と言って、土井の復帰を拒んだ。その中部オーナーが１９７７年（昭和52年）に死去したことから、翌年からコーチに復帰し、２位のチームを引き継ぐ形で１９８０年（昭和55年）から監督に就いていた。

引退から12年経ってようやく巡ってきた指揮官の座だったが、２シーズンをまっとうできずに終わった。結果が伴わなかったことは間違いないが、長嶋茂雄という大スターの存在に翻弄された側面もあった。

球界に太陽を取り戻そう

横浜大洋ホエールズの緊急発表を受け、長嶋は東京・大田区内の自宅前で報道陣に囲まれた。

「私に対して、大洋さんが愛の手を差しのべてくれたものと思い、ありがたく思います」

感謝の意を示しながらも、就任には後ろ向きだった。

「今の気持ちとしては23年間の野球生活の垢は1年間ぐらいでは流せない。もう少し充電期間を置きたいと思います」

大洋球団との会談について問われると、長嶋は答えた。

「一般的な野球についての話なら、お話するのは勉強になりますが、ユニフォームを着る件では難しいと思います。まだ、いろいろ人生勉強したいと思っています」

長嶋としては明確に、この時点でユニフォームを着る意思はないと示している。

翌25日に名球会の幹事会に出席した際も「僕はきのうのコメントで自分の意思をはっきり出した。それ以上言うことはありませんよ。もう決着がついているんですから」と話している。

しかし、大洋球団のラブコールは続いた。

中部社長は29日、報道陣から長嶋発言について問われ、あらためて獲得への自信を見せた。

「それは皆さんが勝手に書いているだけでしょう。私の感触としては87％入団の確信を得ている。この根拠については決まるまで言えないが、相手サイドと（24日の）記者会見後にもう三度会っていることで推察してください」

「皆さんが〝二浪決定〟と書いた翌朝、第三者を通じて私のところに電話が入り、それはマスコミ報道と異なる手ごたえあるものだった」

また、球団だけでなく、横浜市民も長嶋監督の実現に盛り上がっていた。

前日の28日には、横浜元町の商店街が毎日新聞の夕刊に「WE LOVE Nagashima」と見出しがついた全面広告を掲載している。ホエールズという球団名、横浜という地名は一切書いていないが、文章を読めば待望の思いが分かる。

長島監督

私たちは、やはり「監督」と呼びたい。

昨年10月21日、早朝から雨だった。

断腸のヒーローを視《み》る、断腸のファンたち……。

あの日から、グラウンドは太陽を失ってしまった。
今季、ジャイアンツの優勝は決まった。
——しかし、この空しい風はどこからやってくるのだろうか、

「神々の不在中の出来事」……。
私たちは、失った一年の大きさを
いまさらのように感じているのです。

私たちは忘れはしない。
首位打者6期という不滅の記録
天覧試合における劇的ホーマー
「90番」の天衣無縫

甦えれ、スーパースター

球界に太陽を取り戻そう
あの陽気さ
あの真摯さ
あの厳しさと優しさ
——私たちは忘れはしない。

長島監督——。
モトマチは
ヨコハマは
万雷の拍手を秘めて、
いつでも
いつまでも
待っています。

文中にある「昨年10月21日」とは、長嶋の巨人退団が決まった日である。実質的には解任で、長嶋は悔しさを胸に秘めて会見に臨み「私が辞めても巨人を応援するようお願いしたい」と、ファンに向けてメッセージを発した。

さらに横浜から長嶋に向けたラブコールは続く。

10月9日、長嶋は横浜・山下町のニューグランドホテルで横浜青年会議所に向けて講演を行った。約1時間20分に及ぶ講演を無事に終えると、続いて横浜市の細郷道一市長がマイクに向かい、長嶋へのラブコールを送り始めた。

「横浜市民はロマンに満ちあふれて情熱的。長嶋さんにそっくりです。溶け込みやすい横浜にぜひ来ていただきたい。日米野球の発祥の地でもあり、市民のお金で造ったスタジアムを〝長嶋球場〟といわれるようにしてもらいたいものです」

長嶋は苦笑いを浮かべながら聞くだけで、帰り際には報道陣に対し「1年で100％充電できたかは疑問。明後日（11日）にはアメリカに向かい勉強してきます。もう1年足元を見つめながら野球を愛する野球人として、何らかの方法をとります」と、あらためて大洋監督への就任を否定した。

長嶋の渡米は、大リーグ・ワールドシリーズの観戦が目的だった。

この年のワールドシリーズは、ニューヨーク・ヤンキースとロサンゼルス・ドジャースという、アメリカ東海岸、西海岸の人気チーム同士による黄金カードが実現していた。ヤンキースが本拠地で連勝した後、ドジャースが4連勝してワールドチャンピオンに輝いた。野茂英雄がドジャースに移籍した際にも指揮を執っていたトミー・ラソーダ監督が、初めてワールドチャンピオンを勝ち取った年でもある。

なお、両チームによるワールドシリーズは、この後（2023年まで）実現していない。

山下大輔引退騒動

長嶋を招聘する目的からいえば、球団の対応は間違っていない。ファンの声を大切にする長嶋だけに、公表して世論を高めることが、最適な方法だといっていい。長嶋と球団の間に入った第三者はマスコミ関係者で、実現に向けたムードづくりに長けていた。

しかし、チーム内には冷めたムードも漂った。

土井解任から2カ月が過ぎても新体制は決まらない。球団は、長嶋がアメリカから戻るのを待っていたからだった。

長嶋とすれば報道陣の取材に対して「もう少し充電期間を置きたい」「ユニフォームを着る話はできない」と明言しており、話は終わったものと受け止めていた。

しかし、中部社長は「二浪といわれるが、長嶋さんが公の席で言われたわけではない。アメリカから帰られて、何らかの声明を出されるはず」と、あきらめてはいなかった。

水面下では、長嶋を断念した場合の代案を進めてはいたが、表面的には何ら進展がない状態が続いていた。

この年、チームは最下位である。42勝80敗8分で、優勝した巨人には実に31・5ゲーム差を離された。巨人戦は4勝20敗2分と大きく負け越し、確実に貯金できることから「横浜大洋銀行」と揶揄されるようになった年だった。

選手とすれば、翌シーズンの巻き返しへ向かっていきたい。翌年の体制が決まらないまま秋季練習を過ごしているうちに、選手たちの不満が募っていった。

それが表面化したのが、選手会長も務めるチームリーダー山下大輔の引退騒動だった。

山下は10月29日のセ・リーグ東西対抗戦（神宮）でサヨナラホームランを放ち、最優秀選手賞（ＭＶＰ）を獲得した。

その翌30日、松原誠のコーチ就任が内定した。松原はチームを長く支えてきた中心選手で、最後の1年を巨人でプレーして、この年限りで現役引退を決めたばかりだった。松原を指導者として呼び戻した理由を、中部社長が説明した。

「28日、山下君が球団のゴタゴタに嫌気がさし、野球をやめ故郷へ帰って家業を継ぎたいと言ってきた。山下君を引き留められるのは松原君以外にいないので、今日松原君を呼んでコーチ就任を要請しました」

山下は29歳と、選手として脂が乗っていた時期で、この年は遊撃手として6年連続6度目のダイヤモンドグラブ賞（現ゴールデン・グラブ賞）に輝いたばかりでなく、初のベストナインも獲得していた。

騒動を終えた後の10月31日、山下は次のように振り返っている。

「確かに一時期、チームの現状を憂い、不安や悩みがあった。そのときの言動が辞めると取られたのかもしれない。そこまで深刻に考えたのは事実です。（松原の入閣は）僕のためというより、選手の間に動揺というか不安があるということで、それを松原さんが心配してくれたということではないですか。選手会長といっても、いちプレーヤーに過ぎない僕は球団の方針にどうこう言えない。とにかく、オフになって今季のような惨めな気持ちになるのだけは二度とゴメンだと思っている」

山下だけでなく、多くの選手が不安を抱えていた。この年、ファースト、サード、外野の3ポジションを守った田代富雄は「僕は来年一体どこを守ればいいのか……監督の方針で位置が決まるのだから困ってしまう」と言い、エース斉藤明雄も先発か抑えか不明。コーチ陣からも「選手は当然だが、われわれもクビを気にしながら過ごしている」という声が聞かれた。

山下の引退騒動により、チーム内の動揺がようやくフロントに伝わった。チーム作りとは、監督を決めるだけではない。そんな当たり前のことが、この頃は忘れられていた。

中部社長が、山下の騒動を公表した翌31日、長嶋が帰国した。成田空港で報道陣に囲まれると、ワールドシリーズについては「エキサイティングだった」と感想を口にしたが、大洋との交渉に関しては「まだそんなことを……。もう勘弁してほしい。あとはノーコメント」と、不機嫌に答えるだけだった。

ようやく事態は動き始める。翌11月1日のファン感謝デーに出席した中部新次郎オーナーは、2万人の観衆を前に説明した。「残念ながら長嶋氏の招聘は延期せざるを得ない状態となりました。長嶋氏はきのう帰国されましたが、日本で監督をするつもりはなく、もう1年勉強したいというので、残念ながら延期します。1日も早くユニフォームを着られることを祈っています」

「断念」ではなく、「延期」である。異例の事態は、翌年以降も続いていく。

つなぎの監督

「長嶋監督」を実現できなかった球団は、ここでも異例の対応に出る。長嶋が監督就任を受諾した際、円滑に引き継げるような態勢を作り上げた。

長嶋が帰国してから6日後の11月6日、球団は関根潤三の新監督就任を発表した。報道陣と関根新監督の一問一答を見返せば、状況がよく分かる。

――長嶋監督への受け皿といわれているが、契約でその話は出たのか。

関根監督　今日の契約の中ではなかった。

――大洋は引き続き長嶋招聘工作を続けると表明しているが、その点はどう考えているのか。

関根監督　長嶋君が来て彼が望めば、彼の手助けをしてもいいと思っている。

――契約期間（3年）に長嶋氏と途中交代することはあり得るか。

関根監督　来るかどうかの確証はない。不確定要素がいっぱいと聞いている。しかし、彼が来ると決まればその時点で喜んで引き継ぎたい。

――球団が長嶋招聘工作を続けているのを承知で、なぜ監督を引き受けるのか。

関根監督　長嶋君から（昭和）50年に巨人のヘッドコーチとして呼ばれたが、そのとき、僕はヘッドコーチとしての期待に十分にこたえることができなかった。ひと口に言えば、そのときのことを義理に欠いたと思っているし、今回義理をお返ししたいと思っている。だから長嶋君の話を承知で引き受けた。

――将来、長嶋監督が実現したとして選手に戸惑いが出てこないだろうか。

関根監督　僕の野球と彼の野球はそう変わらないと思っている。選手が不安を感じるなら、自分が選手の中へ飛び込んでいって解消する。私は長嶋監督を前提に引き受けたのではありません。

――どういうチーム作りをするのか。

関根監督　攻めとか守りとかいわれるが、私の野球は選手の特徴を生かしてやっていくという考えだ。まずキャッチボールから始めたい。そうやって基礎から鍛え直し、個々のレベルアップを図りたい。

――大洋をどうとらえ、どこからチーム再建に着手するのか。

関根監督　現段階では、はっきり言って戦力が不足している。まず選手を鍛え、層を厚くしていく。補強は積極的にやっていくつもりだが、とりあえず投手と外野手にポイントを置く。外国人はできれば新しくして、左、右の大砲が望ましい。

3年という長期契約になったのは、長嶋の動向によって途中退任もある特殊な役割に対する身分保障だった。

この時期の横浜大洋ホエールズは、何を置いても長嶋監督の実現が最優先事項だったわけだ。

関根監督は「選手の中に飛び込んでいく」と表明した通り、11月9日に横浜市戸塚にあった大洋球場で選手と顔を合わせると、いきなり全員と握手を交わした。

グラウンドに集まった選手に向かって「よろしく。頑張りましょう」と挨拶すると、一人ひとりを回って手を差し出した。予定にない行動に出た理由を「いろいろ挨拶を考えてきたのだが、顔を見たら衝動的に握手をしたくなった。意味はないんですよ」と話した。

遠藤一彦は「慌てて手を出したので手袋を取るのを忘れてしまいました」と振り返った。斉藤明雄は「長嶋さんのことは僕らには関係ない」と言い、退団騒動もあった山下大輔は「トップが決まって方針も出るでしょう。みんなの気持ちもまとまり、いい雰囲気になるしね」と話した。

また、山下は関根の印象について「話しっぷりは好々爺という感じだけど、芯は強そうですね」と語ってもいる。

確かに関根監督は、優しい風貌と温厚な語り口調からは想像がつかない激しい面を持っていた。

就任1年目の春季キャンプ初日、ベテラン選手がミーティングに遅れてきた。遅れたといっても1分も経っていなかったが、関根監督は一喝した。

「昨日今日、この世界に入ったんじゃないだろう」

山下は「ドスの利いた声に緊張感が漂ったのを覚えている」と振り返る。

シーズンに入っても、投手がふがいない投球でKOされたとき、ニコニコしながらマウンドに来て「交代しようか」と穏やかに話しながら、足を踏みつけていたという。

暫定政権ではあったが、穏やかで厳しい関根監督のもとで、選手たちは成長していく。斉藤が全盛期に入り、遠藤が大黒柱となり、山下が円熟期を迎え、高木豊が台頭してくる。

チームとして成果には結びつかなかったが、選手個々が輝きを放った。

長崎が首位打者　田尾を5敬遠

1982年（昭和57年）10月18日、セ・リーグのシーズン最終戦となる中日―大洋（横浜スタジアム）が行われた。

1位中日が63勝47敗19分の勝率5割7分3厘。1ゲーム差の2位巨人が66勝50敗14

分。最後の試合で中日が勝つか引き分けならば優勝、負ければ巨人が逆転優勝というシチュエーションになっていた。直接対決ではないものの、優勝が決まる1戦だった。

もう1つの注目ポイントがあった。

横浜大洋・長崎啓二（1973年から1980年まで長崎慶一）と、中日・田尾安志の首位打者争いである。

こちらは1位長崎が3割5分1厘、2位田尾が3割5分と、わずか1厘差に迫っていた。

しかし、2人の立場は大きく違う。長崎には消化試合で、田尾にはチームの優勝がかかった大勝負だった。この明確な違いが、大きな混乱を招いた。

長崎が当時を振り返る。

「最終戦を迎える前、その3試合ぐらい前と比べて、打率が1分1厘下がっていたんです。僕は『このまま普通にやっていれば首位打者を獲れるな』と思っていたのですが、あと1試合となったところで、気付いたら田尾君と1厘差になっていました」

記憶は少し違っており、長崎の打率は下がっていない。2人の打率を振り返ってみよう。（　）は当日の打数―安打。

	長崎	田尾
10月10日	.350（出場なし）	.345（4-1）
10月11日	.350（打席なし）	.346（4-2）
10月12日	.350（試合なし）	.344（5-1）
10月13日	.350（試合なし）	.344（3-1）
10月14日	.352（1-1）	.344（試合なし）
10月15日	.352（試合なし）	.344（4-1）
10月16日	.351（1-0）	.346（3-2）
10月17日	.351（出場なし）	.350（5-4）

消化試合の長崎はスタメンから外れ、逃げ切り態勢に入っていた。14日に代打でセンター前ヒットを放ち、田尾に8厘差をつけた試合後には「これでいけるという感じだね」と、勝利宣言をしている。

しかし、優勝にまい進する田尾は1番打者として出場し、ヒットを重ねていった。17日の大洋戦では、長崎の前で4安打を見せつけた。

この試合後、長崎は「アイツもよう打つね。本当に参っちゃうよ」と話し、最終戦の出場については「怖くて最初から出られないよ。抜かれたら出なくてはいけないけどね」と、やや弱気な言葉を残している。

一方、追う立場の田尾は「優勝のために最後まで出る」と意気揚々と語っていた。そして、18日の最終戦、大洋は田尾を5打席連続で敬遠した。田尾の打率は3割5分で変わらず。試合に出なかった長崎も3割5分1厘のままで、首位打者のタイトルを確定させた。

繰り返すが、中日と巨人にとっては優勝がかかった試合である。1番打者の田尾が四球で出塁すれば、中日は得点のチャンスが広がる。試合の行方を見守る巨人にとっては、たまったものではない。

結果的に中日が8対0で勝利し、8年ぶりの優勝を飾った。5回出塁した田尾は一度もホームにかえらなかったが、ファンは納得できない。

10月19日付の日刊スポーツには、次のような記事が載っている。

中日優勝が決まった18日夜、横浜球場、日刊スポーツ新聞社には大洋の戦いぶりに関する抗議電話が殺到した。北海道から九州までその数200本以上。「大洋は長崎の首位打者と引き換えに中日に勝ちを譲った」という怒りの声がすべてだった。

抗議電話がかかり出したのは中日3回の攻撃が終わったときから。中日は一死満塁からモッカが左前打、2者をかえした。このときの田代のプレー。「田代はあのゴロは捕れたはず」（川口市・丸山さん）「わざと捕らなかった」（渋谷区・小倉さん）など、同じ内容のものがひっきりなし。新宿区の志藤さんは「大洋はプロ野球ファンをバカにした。しろうとでも分かる手抜きの試合は犯罪的」とまで断言した。田尾を5回とも歩かせたことにも、目黒区の28歳の女性、福島さんが「自チームの選手（長崎）に首位打者を獲らせたいためでしょ。ヒドすぎます」と涙声。

長崎が振り返る。

「最終戦の試合前に関根監督に『今日はたぶん使わないよ』と言われました。あとは首脳陣の指示に従うしかなかったです。結果的に1厘差でタイトルを獲れましたけど、確かに自分でも、最後に休んだことにいい印象はないです。でも、頑張ったのだからタイトルは欲しい。その気持ちはありました」

試合中はベンチではなく、ロッカールームにいた。田尾がヒットを打って、打率を抜かれた際は代打で出る予定だった。しかし、その機会はなかった。

長崎は、試合前に中日・黒江透修コーチと交わした会話が印象に残っているという。練習中に近付いてきた黒江コーチが言った。

「首位打者をあげるから田尾を歩かせてくれよ」

「自分が指導したバッターに首位打者を獲らせたくないんですか?」

「いいよ、いいよ」

長崎はあ然とした。

「冗談とはいえ、何てことを言うんだと思いましたね。意味が分かりませんでした」

しかし、長崎は3年後の1985年（昭和60年）に阪神へ移籍して、優勝を経験した。このとき、黒江コーチの言葉が蘇った。

「そのときに初めて、黒江さんの言葉の意味が分かりました。優勝できれば、個人タイトルなんてどうでもいいんですよ。最優先に考えるのはチームの優勝。その上で個人タイトルがついてくればベストだけど、優勝が第一です。優勝に勝る喜びはない。阪神に行って初めて気付きました。当時はタイトルを欲しいと思ってやっていたけど、もし大洋が優勝争いをしていたら、どう思ったか分かりません」

一方の田尾は、8対0と大量リードした後の8回の打席で、カウント3ボールからの4球目を空振りしている。せめてもの反抗だった。しかし、黒江コーチが近寄って耳打ちすると、次球を見送って一塁に歩いた。

田尾は試合後、こんなコメントを残している。

「黒江さんには『首位打者が獲れなくても、1番打者としてこれだけ出塁した評価は変わらないよ』と言われたんです。満足しています。ベストを尽くしたし、僕の上にまだ1人、いい成績の人がいたということなんです」

なお、5四球のおかげで、阪神・掛布雅之に並ぶ232出塁とリーグトップに出て、こちらのタイトルを手にした。

長崎にとっては後味の悪いタイトルになってしまったが、救われたのは巨人助監督だった王貞治の言葉だという。

シーズン後の表彰式で、長崎と田尾のところに来て言った。

「田尾君、分かっているよね。直接対決の前に打率を抜けなかったのだから、君の負けだよ」

長崎は言う。

「あれで僕は救われた気がします。何年も経った今でも記録に自分の名前が残っているし、勲章だと思います。あのとき、タイトルを獲得しておいてよかったと思っています」


実は、このシーズンに入る前、長崎は球団にトレード志願をしていた。チーム内の人間関係が理由だったという。

しかし、就任したばかりの関根監督に「俺が監督をする3年間は我慢してくれ」と言われて、チームに残ることになった。

2人は法政大の先輩、後輩という間柄だった。関根監督の勧めに従ったからこそ手にできた栄冠でもあった。

チームを率いる監督にとって、長年チームに貢献してきたベテラン選手や、プライドの高い外国人選手をどう扱うかは重要なポイントになる。1つ間違えれば、チーム崩壊にもつながってしまう。

その点でいえば、関根監督の手腕は見事だった。

斉藤が振り返る。

「顔はニコニコ笑っていても、足では選手を蹴飛ばしているような、そういう監督でした。関根さんは選手の管理がうまかったですね。体調面を考慮し、壊さないように、長くユニフォームを着させてあげたいと言っていましたね」

例えば、斉藤には遠征先の宿舎でも門限を設けなかったという。

「門限はないから自由に外出していいと言うんですよ。ただし、他の選手は連れていくなと。そうなると1人で行くしかないわけですよね。1人では食事をしたり、酒を飲んでも面白くないから、そんなに長時間はいませんでした」

山下は、1982年（昭和57年）が5位に終わると、関根監督から秋季キャンプに参加するよう促された。このとき、山下は30歳で、7年連続ダイヤモンドグラブ賞（現ゴールデン・グラブ賞）を獲得しており、球界を代表する選手だった。

「30歳でチーム内ではベテランの部類でした。若手中心の秋季キャンプに何で私が？と思ったら、関根監督から『お前が行くことが大事なんだ』と諭されました」

キャンプ地は、静岡・伊東だった。巨人の監督だった長嶋が、初年度に最下位に終わると中畑清、篠塚利夫（和典）、江川卓、西本聖ら若手選手を徹底的に鍛える「地獄のキャンプ」を行った地だった。

山下は若手に交じって走り込み、ノックを受け、足がパンパンに張った。疲れ切って、30分ほどの休憩時間に眠ってしまったこともあったという。

「あとで考えると、レギュラーにも定着して安心感があったのかもしれません。若手と一緒になって汗を流し、サビを落としてもらったように思います。関根監督は大洋でもヤクルトでも、監督を辞めた後にチームが強くなって『関根さんのおかげ』と言われるような監督でした」

平松政次も「私が200勝できたのは関根さんのおかげです」と言う。

関根監督が就任した1982年（昭和57年）5月4日、平松は遠征先の名古屋市内のホテルで、関根監督の部屋を訪れて言った。

「辞めようと思うんです」

平松は右肩痛に悩まされ、試合前は必ず痛め止めの薬を飲んでいた。しかし、思うように投げられず、この時点で1勝3敗、防御率6・26と苦しんでいた。翌5日が先発予定だったため、チームに迷惑をかけないよう、前日に引退を申し入れたのだった。関根監督は言った。

「よし、明日を引退試合にしよう。俺が最期をみとってやる」

平松が振り返る。

「翌日、予定通り先発したんですが、やっぱり痛い。真っすぐは山なりですよ。それがチェンジアップになって、谷沢や田尾といったところが打てない。5回を1失点。通算185勝目になりました」

この勝利がきっかけとなり、もう1度体づくりから始めることになった。この年9勝10敗。翌1983年（昭和58年）に8勝を挙げて通算200勝に到達した。記念の試合は、巨人キラーらしく巨人戦で決めた。10月21日の巨人戦（後楽園）で8対6とリードした6回裏の途中、降雨コールドになって、200個目の白星を手にした。

なお、平松はこの試合後「もうユニフォームを脱いでもいいな、の気持ちは変わっていない」と引退する意向を示していたが、関根監督に引き留められて翌年までプレーした。

最後の年は1勝に終わったが、引退時に平松は意味のある1年間だったと明言した。「今年は若い連中に勝つ苦しさを見せられたし、ムダじゃなかったと思う。今はホッとしています」

関根監督の3年間は5位、3位、6位と、結果は出なかった。

しかし、個人タイトルでみると、1年目に斉藤が最優秀防御率（2・07）、長崎が首位打者（・351）、2年目の1983年（昭和58年）は遠藤が最多勝利（18勝）、最多奪三振（186個）、そして沢村賞を獲得した。

また3年目の1984年（昭和59年）には遠藤が2年連続の最多勝利（17勝）、最多奪三振（208個）。さらには高木豊が盗塁王（56個）にも輝いている。

長嶋へつなぐことはできなかったが、次代につなぐ役割は果たした3年間といっていいだろう。

機は熟していない

さて、長嶋騒動は、関根監督の2年目を終えたところで終焉を迎える。

平松が２００勝を挙げてから間もない１９８３年（昭和58年）11月９日の午後９時20分、長嶋は共同通信社を通じて声明文を発表した。


自分が歩んできた過去三年間、長嶋をご声援、ご支援くださったファンの皆さまによって、野球およびスポーツ、文化と多方面にわたる勉強を自由に精進させていただくことができました。

この間、数球団より監督就任の要請などもございました。関係球団のご厚情には誠に感謝にたえません。

しかしながら、長嶋を愛してくださる人々から、もっと大きな視野に立って貴重な三年間に野球界をはじめ世界のいろいろな分野との交流でたくわえた新しい知識と友情を、有効に生かすべきだという助言もいただきました。

熟慮の結果、ユニフォームを着る機が熟していないと判断するに至りました。今後、ご支援くださったファンの皆さまに最もふさわしい表現でおこたえしたいと考えております。

11月9日　長嶋茂雄

2日前の11月7日に広岡達朗監督が指揮を執る西武ライオンズが、日本シリーズで巨人を倒し、球団初の日本一に輝いていた。

その翌8日、巨人では王貞治監督が誕生し、就任会見で「豪快でスピーディーな攻撃野球を目指したい」と宣言していた。また、この席上で、「長嶋さんが他球団の監督になったら？」と質問を受けた王は「闘志が湧きます」と答えていた。

長嶋が大洋の監督に就任すれば、ペナントレースでON対決が見られるという状況だった。そんな期待も、長嶋の表明で幻と消えた。

長嶋も一時は大洋のユニフォームを着て、王巨人と戦いたいという思いを持っていた。声明文を出した翌10日、報道陣の前に姿を見せた長嶋は「チャレンジしたい気持ちに傾いた時期もあった。だが、まだ100％機が熟さないと思い、昨日決めた」と心境を語っている。

大洋漁業の中部藤次郎社長は「来年も待ちます」と宣言した。

「関根監督が長嶋さんとコンビを組んで、長嶋さんが一軍で自分が二軍でチームを作ろうという信念を持っている以上、私としては支持したい。ともかく私は関根監督にほれてますんで、彼があきらめると言わないうちは続けます」

しかし、翌年1984年（昭和59年）に開幕から下位に低迷したことで風向きが変わった。

この年はロサンゼルス五輪が行われた。長嶋はテレビ局の仕事で渡米し、現地で取材をしていた。五輪は7月28日から8月12日。ユニフォームを着る気があるならば、水面下で準備を始める時期である。

長嶋に監督就任の意思がないことは明らかだった。

関根監督も8月中旬に「僕は今でも自分の後継者は長嶋君が最適だと思っています。ただ、テレビのロス五輪出演で微妙な時期に渡米しちゃった。あれが痛いのよね」と語っている。

いかに長嶋人気が高く、待望論があるにせよ、いつまでも固執しているわけにはいかなかった。

8月22日、大洋球団の中部新次郎オーナーは報道陣に対して、次のように語った。

「最近、私のもとにも関根監督を代えろという抗議の電話が届くようになった。地元横浜で30敗（15勝）も喫し、しかも大洋ファンのよりどころの巨人戦もすでに14敗（5勝）では、このまま何もしないで済まされない。もし今季最下位なら問題外だ。監督、コーチは全部チャラだ」

結局、関根監督はこの年限りで、長嶋の招聘をあきらめるとともに退団した。

なお、長嶋の浪人生活は1992年（平成4年）まで続き、1993年（平成5年）から再び巨人のユニフォームを着た。2001年（平成13年）まで指揮を執り、3度のリーグ優勝、2度の日本シリーズ制覇を遂げた。

2000年（平成12年）の日本シリーズでは、王貞治が率いるダイエー（現ソフトバンク）と対戦し、横浜大洋ホエールズでは実現しなかった「ONシリーズ」として大いに盛り上がった。

第3章　遠藤の全盛期とスーパーカートリオ

近藤貞雄監督が就任

関根潤三監督の後を受けたのは近藤貞雄監督だった。

近藤監督は、投手コーチとして1970年（昭和45年）のロッテ優勝、1974年（昭和49年）の中日優勝に貢献し、中日監督としても1982年（昭和57年）にセ・リーグ優勝に導いた。

時代を先取りした先発、中継ぎ、抑えを分業とする投手起用は「近藤方式」と呼ばれた。投手に無理をさせない起用は、中日コーチ時代に新人投手の権藤博に無理を強いてしまった経験がきっかけになったという。

権藤は佐賀・鳥栖高からブリヂストンタイヤを経て1961年（昭和36年）に中日に入団すると、先発、リリーフにフル回転し、69試合に登板して35勝19敗の成績で最多勝、最優秀防御率、最多奪三振、新人王、沢村賞、ベストナインなど、タイトルを独占する活躍を見せた。

翌1962年（昭和37年）も61試合に登板し、30勝17敗と2年連続の最多勝を挙げた。毎日のように登板することから「権藤、権藤、雨、権藤」という言葉が流行した。雨天で試合が中止になる以外は登板しているという意味だった。

この頃の登板過多について、のちに権藤は次のように振り返っている。

「1年目の6月だったかな。12勝目を挙げた後で濃人（渉）監督に呼ばれて言われた。『権藤、これからは毎日ベンチに入る。杉浦（忠）、稲尾（和久）もそうやっているんだ。お前もやらなければいけないぞ』ってな。杉浦さんと稲尾さんだぞ。新人が神様みたいな……いや、稲尾さんは『神様・仏様・稲尾様』と言われていたんだから、本物の神様だろう。そんな2人と同じ扱いをしてもらえる。天にも昇るような気分だったよ」

ただ、肩は悲鳴を上げていた。

「肩が張っているとか、痛いうちはまだいい。そのうち何も感じなくなる。投げると、そのまま肩が抜けて右腕が飛んでいくような気がした。でも、つらいとは思わなかった。そういう時代だったんだよ。トップに入るためには、やらなければならなかった」

投手として長くは活躍できなかった。右肩を痛めて3年目は10勝、4年目は6勝と勝ち星が減り、野手に転向した。

権藤は、近藤監督が中日でリーグ優勝した1982年（昭和57年）に投手コーチとしてタッグを組んでいた。また、それから16年後の1998年（平成10年）、横浜大洋ホエールズから球団名を変えた横浜ベイスターズの監督として、38年ぶりの優勝に導く。

このときも、クローザーの佐々木主浩を軸として、島田直也、五十嵐英樹、阿波野秀幸ら中継ぎ陣もローテーションを組んだ継投策が光った。近藤監督からの系譜が、権藤の手腕によって花開いたといっていいだろう。

さて、最下位チームの横浜大洋ホエールズを預かった近藤監督は、大胆な内野のコンバートに着手した。

◆レオン・リー　一塁→三塁
◆高木豊　二塁→遊撃
◆山下大輔　遊撃→二塁
◆田代富雄　三塁→一塁

内野手をすべて移動させている。

発案者の近藤監督は「全選手の特性を生かすための布陣。適材適所なんですよ。昨年より悪くなるはずがない。15～20%は守備力が上がる」などと理由を説明している。前年はチーム全体で84失策。内野でいうと一塁のレオンが10個、二塁の高木豊は5個、三塁の田代が最多18個、遊撃の山下が10個だった。

遊撃手の山下は入団3年目の1976年（昭和51年）から8年連続で獲得してきたダイヤモンドグラブ賞（現ゴールデン・グラブ賞）を逃した。衰えは見え始めているものの、まだ33歳と働き盛りでもあった。

18失策の田代は打撃でも精彩を欠き、21本塁打、71打点はともに数字を落としていた。

近藤監督の狙いは、山下や田代の守備の負担を減らし、攻守に輝きを取り戻すことにあった。キャンプでは各選手とも戸惑いを見せながらも、山下は「選手寿命を考えれば、二塁の方がプラスになる」、田代も「三塁はやることが多くて送球が気になっていたから、一塁は大歓迎です」と話していた。

負担が増えた高木豊は、体力面の不安を感じていたというが、この年、初めてのベストナインに輝くのだから、やはりプラスになったといえるだろう。

また、投手陣に対してはキャンプで投げ込みをしない「休養日」を設けるよう指示した。

「日本の球界には迷信みたいなものが多すぎる。投手の投げ込みにしてもそう。やりすぎれば選手寿命を縮めるだけなのに、指導者が何の裏づけもなしにやらせている。アメリカのいいシステムを日本流にアレンジしてやれば効果も上がる。日本のやり方も、悪いところはどんどん変えていければいい」

59歳のベテラン監督は、就任直後から、はっきりと「近藤色」を打ち出した。

横浜大洋の申し子、遠藤一彦

関根監督から近藤監督の時代にかけて、遠藤一彦が全盛期を迎えていた。

1977年(昭和52年)11月22日。法政大の江川卓がクラウンライター・ライオンズに1位指名されたドラフト会議で、東海大の遠藤は大洋ホエールズから3位で指名された。

1位は門田富昭投手（西南学院大）、2位は加藤英美投手（大昭和製紙北海道）、4位は大久保弘司内野手（下関商高）、5位が谷内野隆投手（北陸銀行）、そして6位が屋鋪要外野手（三田学園高）だった。

約1カ月前の10月13日、大洋ホエールズは本拠地を川崎から横浜に移転し、球団名を「横浜大洋ホエールズ」に変えると公表したばかりだった。遠藤たちは川崎球場でプレーすることがない「横浜1期生」といっていい。

なお、遠藤は15年間の現役生活を送り、1992年（平成4年）限りで引退する。その翌1993年（平成5年）から球団名は「横浜ベイスターズ」に変わる。

つまり、遠藤は「大洋ホエールズ」でも「横浜ベイスターズ」でもなく、「横浜大洋ホエールズ」だけでプレーしたことになる。ミスター横浜大洋といっていい存在だった。

東海大時代はそれほど注目された存在ではなかった。

「自分がプロで通用すると思っていなかったし、ドラフトで指名されるとも思っていませんでした。その頃の球速は135キロくらいだったので通用するとも思っていませんでした」

事前にスカウトの挨拶も受けておらず、突然の指名だった。のちに遠藤は、こんな指名理由を耳にしている。

「大東文化大の石井（邦彦）というアンダースローの投手と川崎球場で投げ合ったときに、当時の別当監督が石井を見にきていて、ついでに私を見たらしいんですよ。石井は日本ハムに1位指名されたのですが、その後の3位のときに別当監督が『遠藤はどうだ』と言って指名したと聞いたことがあります」

横浜移転が決まっていたが、球団は地元出身の選手を重視したわけではない。神奈川と縁のある選手は遠藤しかいなかった。

「大学の寮が平塚にあったからＴＶＫ（テレビ神奈川）のナイター中継を見ていたし、3年生のときの全日本大学野球選手権の決勝で対戦した（大商大の）斉藤明雄さんも活躍していたので、大洋に親しみを感じていたのは事実です」

春季キャンプでは別当監督から「腕を下げて投げた方がいい」とサイドスローへの転向を指示された。しかし、堀本律雄二軍コーチは「お前は上からの投げ方でいいんだ」と言い、一軍には「横手投げで練習しています」と報告してくれた。

別当監督がフォーム変更を指示したのも、入団したばかりの遠藤に特徴がなかったからだろう。それは遠藤も自覚していた。オーバースローを続けながら、プロとして生きる道を模索した。

「スピードが遅いので、体を強くしないといけないと思い、ファームの全体練習が終わってから毎日ランニングをするようになりました。あとは苦手だった下半身の筋力トレーニング。走ることは苦ではなかったので、続けていったら７月頃からボールのスピードが増していって、ファームの成績もよくなっていきました。８月に巨人と北海道遠征があって、５試合で点を取られなかったんですよ。帰ってきたら一軍に呼ばれ、一軍の雰囲気を味わえて、何となくやっていけそうかなと手ごたえを感じました」

一軍デビューは８月15日の中日戦（横浜スタジアム）。１対５とリードされた５回途中から登板し、高木守道を三振、田尾安志をセンターフライ、マーチンをファーストフライ、大島康徳を遊ゴロに打ち取った。

記念すべき初勝利は９月10日の中日戦（横浜スタジアム）だった。先発して４安打２失点で完投勝利を挙げた。この年は11試合に登板して、この１勝だけだった。

期待度が高まると、別当監督もオーバースローを勧めなくなり、代わりに「落ちるボールを覚えた方がピッチングの幅が広がるぞ」とアドバイスをくれた。

これが伝家の宝刀、フォークボールを覚えるきっかけになった。

翌1979年（昭和54年）の春季キャンプで、阪神時代に村山実のボールを受けていたキャッチャーの辻恭彦に、投げ方を教えてもらった。村山はフォークボールを得意としていた。

「オープン戦で投げてみたら打者が空振りしてくれたので、何とか使えるんだなと自信を持って、そこから自分のものになっていった感じですね」

2年目は、トレーニングの成果で球速が上がった直球と、フォークボールを武器にして、先発とリリーフを兼任しながら12勝12敗8セーブと結果を残した。

関根監督が就任した1982年（昭和57年）は先発を中心として、14勝17敗1セーブを挙げ、斉藤とともに二枚看板となってきた。

この年に遠藤の記憶に残る試合があった。9月21日の巨人戦（横浜スタジアム）で同い年の江川と投げ合い、3対2で勝った。

江川とは大学最後の試合となる明治神宮大会の決勝戦で投げ合い、遠藤は完敗を喫している。

「プロでも特別に闘志を燃やしました。同い年ですが、あちらは高校時代から有名な大投手。プロで同じリーグになったからには負けたくなかったし、投げ合ったときは、他の試合と違う気持ちになりました」

江川に投げ勝った自信は大きかった。

「あの試合に勝ったのがその後の自信となり、彼と投げ合うときも堂々とできました」

1983年（昭和58年）は18勝9敗3セーブ、防御率2・87、186奪三振の好成績を挙げ、最多勝利と最多奪三振のタイトルとともに、沢村賞も獲得した。

「あの年は春先、4月ぐらいにケガをしたのですが、5月に復帰してからはあまり負けていません。特に8月14日から閉幕まで12連勝しています。あの頃は打たれる気が全然しなくて、1点取ってもらえれば勝てる。それぐらいの気持ちでした。何がよかったのか、自分でも分からなかったですね」

この年チームが3位に浮上したのは、遠藤の力によるところが大きかった。

▲横浜大洋ホエールズを象徴するエース・遠藤一彦。ファンからの人気も絶大だった

翌1984年（昭和59年）は17勝を挙げて、2年連続の最多勝を獲得。さらに208奪三振で、最多奪三振も2年連続で手中に収めた。

ただ、負け数も17敗。チームが最下位に沈んだとあり、勝ち切れなかった試合も多かった。

しかし、遠藤は言う。

「それだけ負けたのは自分の力がないからだし、勝ったのはバックの援護のおかげ。84年は最下位でしたが、チームが弱いとか、そういうことは気にしていませんでした」

選手生活を通じ、最多勝利を2回、最多奪三振のタイトルを3回獲得しているが、防御率のタイトルは手にできなかった。

「私は投手の真価は防御率だと思っています。最多勝の経験はあっても、防御率のタイトルは獲れなかった。83年にチャンスはあったのですが、シーズン終盤に打たれて福間（納＝阪神）さんに逆転されました。防御率のタイトルを獲っていれば『バックが弱かった』と言えるのですが、そのタイトルを獲れなかった原因は自分が打たれたから。負けが多かったのは、自分の力のなさだということです。本当に自分の力があれば、17勝17敗が20勝14敗になっていたかもしれません。そう考えています」

遠藤は1982年（昭和57年）から6年連続で2ケタ勝利を挙げ、1983年（昭和58年）からは5年連続で開幕投手を務めた。

巨人・クロマティやヤクルト・ホーナーが「大リーグでもスターになれる」と称した、遠藤がもっとも輝いている時代だった。

スーパーカートリオ

近藤監督は、就任直後「3S野球」というキャッチフレーズを掲げた。

3Sとは「スピード（speed）」「シャープ（sharp）」「センス（sense）」である。その1つ、スピードを打ち出すために俊足の3人を上位打線に並べた。


「スーパーカートリオ」

横浜大洋ホエールズの時代を象徴する3人である。

前年1984年（昭和59年）の成績を見てみよう。主に1番を打つ高木豊は56盗塁で初めて盗塁王のタイトルを手中に収めた。しかし、加藤博一は14個、屋鋪要は11個しか盗塁を決めていなかった。

特に、屋鋪は球界を代表する俊足を持ちながら、走塁面では生かし切れていなかった。近藤監督は「あれほどの足を持っていれば、11盗塁の選手じゃない」と言い、決め手に欠ける攻撃陣の中で足を生かすことにした。

走力を武器にする野球は、本拠地である横浜スタジアムの特性にも適していた。当時はリーグで一番広い球場で、フェンスが高くホームランが出にくいスタジアムだと言われていた。

ここまでは、多くの監督が着目するところかもしれない。近藤監督の特出すべき点は1番、もしくは1、2番ではなく、「1、2、3番」とトリオで考えたところだ。

オープン戦の当初は1番屋鋪、2番加藤、3番高木豊という並びだったが、途中で1番と3番が逆になり、1番高木豊、2番加藤、3番屋鋪という並びが定着した。

なお、トリオ名だが、近藤監督は当初「スポーツカートリオ」と言っていたが、次第に「スーパーカートリオ」に変わっていった。これは長嶋茂雄が解説で言い間違えたところから変化したという説もある。

3人で走りまくった。

▲左から屋鋪要、加藤博一、高木豊。スーパーカートリオとして、チームが掲げた機動力野球の中心を担った

高木豊が42盗塁、加藤が48盗塁、屋鋪が58盗塁。3人で実に148盗塁を記録した。

同じチームで3人が40盗塁を超えるのは史上初で、2023年シーズンを終えた時点で唯一の記録である。近年は30台でタイトルを獲得する年も多く、なかなか達成できない唯一無二の記録といっていいだろう。

なお、3人とも盗塁王のタイトルは獲れなかった。この年は広島・高橋慶彦が73盗塁で、盗塁王に輝いた。

近藤監督が、3人に出した指令がいい。

「いいか、50個アウトになっていい

から、100個走れ！」

シーズン中に盗塁が滞った時期は、試合前に3人で監督室に呼ばれて言われた。

「今日、走らなかったら承知しねえぞ。3人ともメンバーから外してやるからな！」

それは烈火のごとくの怒りだったという。

また、屋鋪の後ろを打つレオン・リーが、近藤監督に不満を訴えたことがある。屋鋪が常に盗塁を狙うため、警戒する投手のけん制球が多くなることに「バッティングに集中できない」と言ったのだった。しかし、近藤監督はレオンを諭したという。

「うちは、こういうチームなんだから我慢しろ」

要するに、近藤監督は俊足の選手を3人並べただけではない。走れる環境を整え、走れるように背中を押していた。だからこそ、スーパーカートリオが成り立った。

彼らが出塁するだけでファンが沸き、期待が高まった。勝利への武器であることはもちろん、チームの見せ場にもなった。

屋鋪は伸び盛りの若手で、彼の起用法は大きなポイントの1つだった。前年、打率3割5厘、守備でもセンターで初のダイヤモンドグラブ賞を獲得するなどレギュラーを獲得していた。

屋鋪が当時を振り返る。

「それまで僕は7番とか8番とか下位を打つことが多かったんですよ。でも、近藤監督は僕のパンチ力みたいなものを買ってくれて、思い切って3番に使ってくれた」

抜てきといってよかったが、試合を続けるごとに打線の並びに納得したという。

「僕の3番は自分自身驚いたけど、3人を1番から3番まで並べるなら、あの並びがベストでしょうね。高木さんは選球眼がよくて出塁率が高い。加藤さんは、高木さんが走るフォローをしてくれるんです。バットを構えてから引いたりとか。僕はバッティングの技術がなくて、初球から振るタイプだったし、少しだけ力があったから」

3番に起用された屋鋪は意識を変え、能力を開花させた。盗塁数は前年の11から58と、5倍以上も増えた。

「それまでの僕は盗塁への意識が低かった。打順が7番や8番だと、塁に出てもバッターが投手に回るから、走っても仕方がない。よく走るようになったのは、スーパーカートリオになってからです」

高木豊にも、当時を振り返ってもらった。相手チームも走ると分かっている状況で、盗塁を決めるのは並大抵ではない。

「プレッシャーはありました。どんなに走りにくい状況でも、絶対に走らないといけなかった。僕は1、2球目、どんなに遅くても3球目までには走るようにしていた。それは相手バッテリーも分かっていることだったから、その中で勝負しないといけなかった。そういう意味でも大変だった」

高木豊はこの年42盗塁と、タイトルを獲得した前年の56盗塁からは減ったものの、打率3割1分8厘とキャリア最高の成績を収め、初のベストナインに選ばれた。スーパーカートリオとして注目されたことで、やはり選手として飛躍する契機となっている。

トリオと呼ぶにふさわしく、3人でプレッシャーに立ち向かっていたという。

高木豊が言う。

「ファンが僕らの盗塁を楽しみにしているのは理解していました。だから僕らもそれに応えたいと、あのころはよく3人でビデオ室にこもって相手投手のクセを探していたりしていましたね。クセを見つけるのが一番うまかったのは加藤さんでした」

2人の話から、トリオで最年長の加藤に対する敬愛の念を感じる。加藤の存在は大きかった。

加藤は2008年（平成20年）1月21日、肺がんのため56歳の若さで亡くなっている。西鉄ライオンズにテスト入団し、太平洋クラブライオンズ、阪神タイガース、そして横浜大洋ホエールズで俊足巧打の外野手として活躍した。

プレーだけでなく、明るく面倒見のいい人柄が、チームメートからも愛されていた。入団したばかりの若い選手や、結果が出ずに苦しむ選手に声をかけ、励ます姿が、多くの選手の胸に残っている。

現役時代から社会福祉活動にも熱心で、よく体が不自由なファンを球場に招待していた。練習前、試合後には必ずそのファンにサインしていた。

施設に通う耳の不自由なファンたちを阪神戦に招待した際、バッターボックスに入る前にバットでヤリを突くポーズを見せて、加藤清正の「虎退治」と「加藤」をかけて喜ばせたエピソードがある。

常に、人を喜ばせるのを意識した人だった。

葬儀では、佐々木主浩が弔辞を読み上げ「男はつらいときほど笑うんだ。心で泣いても笑うんだ。それがプロだ。あの言葉、忘れません」と肩を震わせ号泣した。

出棺の前には、横浜ベイスターズを愛する会のメンバーが、現役時代の応援歌だった『蒲田行進曲』をトランペットで奏で、「かっとばせ、博一」とエールを送った。

高木豊も駆けつけ、涙を浮かべながら言った。

「1人欠けたら、もうトリオにはならない。お別れの言葉は言いたくない」

加藤は21年間の現役生活の中で、規定打席に達したのは阪神時代の1980年（昭和55年）の3割1分4厘（5位）と、スーパーカートリオとして活躍したこの年の2回だけだった。

ただ、1980年（昭和55年）は巨人・江川卓から28打数11安打で打率3割9分3厘、2本塁打と打ち込み、「怪物キラー」と呼ばれた。1985年（昭和60年）も48盗塁とともに、2番打者としてリーグ最多の39犠打を残した。1番高木豊と、3番屋鋪をつなぐ役目、スーパーカートリオには欠かせない存在だった。

近藤監督の就任とともに内野陣のコンバート、スーパーカートリオの結成と独自色を打ち出し、前年の最下位から4位にまで上がった。

しかし、得点を見ても、優勝した阪神の731点に対し横浜大洋は589点。3人の走塁が万事、得点や勝利に直結したとは言い難い。

高木豊がその点について考察する。

「3人走って、3アウトでチェンジもあったし、僕らで満塁をつくっても、その後、三振やゲッツーということも多かった。そういう意味で燃費の悪さというのはありましたよね」

スーパーカートリオは翌シーズン、故障もあった加藤が出場機会を失っていき、再びその真価を発揮することはなかった。実に短命であり、だからこそ強烈な光を放ち、強い印象として心に残っているのだろう。

高木豊が言う。

「ファンは喜んだけど、他球団は僕らを嫌がっていたし、特にキャッチャーはイライラしていましたね。試合時間は長くなるし、そういう意味では野球界に一石投じることができたのかもしれない。大変だったけど、楽しかったですよ。今も多くの人がスーパーカートリオの名を口にしてくれる。元プロ野球選手として、こんな幸せなことはありませんね」

時代を象徴するトリオといっていい。

横綱と十両、ヘビー級とフライ級

翌1986年（昭和61年）は、前年日本一に輝いた阪神との開幕3連戦で3連勝という最高のスタートを切った。

開幕戦はこの年から加入したカルロス・ポンセが、いきなり2ホーマー5打点と大当たりし、8対7で勝利を飾った。

ポンセは3回に2点タイムリー三塁打、4回に1号2ラン、7回にも2号ソロを放った。9回表に遠藤がつかまり、吉竹春樹の3ランなどで4失点して8対7と1点差に迫られただけに、ポンセの活躍は大きかった。

続く第2戦は1回表に1点を先制されたものの、2回裏に田代の2ランで逆転。2対2で迎えた9回裏、併殺崩れの間にサヨナラ勝ちを決めた。

さらに第3戦は、田代が4回に2試合連続となる逆転3ランを放ち、先発の欠端光則の好投もあって3連勝となった。

試合後の近藤監督はタバコを持つ手を震わせながら「未熟なチームなだけで、やればできるということです」と興奮するように話した。

活躍した田代は、前年度のオフにトレード要員として名前が挙がり、契約更改でも、球団のダウン提示に対し、田代は現状維持を主張して平行線をたどった。

そんなとき、近藤監督が球団に「現状維持でまとめてあげてください」と口添えしていた。実はトレード要員に挙げたのも近藤監督で、理由は「のんびりした性格だから、ああいう境遇に置かなければ目覚めません」というものだった。

その狙いは当たり、田代は年明け早々から初めての山ごもりに挑戦し、構えでグリップの位置を下げるなどするフォーム改造にも取り組んだ。「もたもたしていると、代えられるかもしれませんからね」。危機感を持って臨んだシーズンだった。

大洋の開幕3連勝は、横浜に移転して2年目の1979年（昭和54年）以来で、このときも田代はヤクルトとの開幕戦（神宮）で3打席連続のホームランを放っている。

試合後に記者からこの話を振られた田代は「あの年は、その後がいけませんでしたから」と遮った。この年の田代は19本塁打、54打点と、物足りない成績に終わっていた。ただ、残念ながら、1986年（昭和61年）も田代にとって、そしてチームにとっても苦しい年になってしまった。

6月18日の広島戦（横浜スタジアム）、6回の守備の際、一塁ベース上で走者の広島・正田耕三と交錯し、左橈骨（とうこつ）を骨折した。

送球を捕球しようと伸ばした左腕に、全力で走ってきた正田の体がぶつかった。痛さのあまり転倒した田代は、そのまま横浜市内の病院に運ばれ、医師に「橈骨の左手首部が完全に折れてしまった状態で、約4週間以上の休養と加療が必要」と診断された。

この試合で4連敗を喫し、近藤監督は「本当に痛い。このままでは何連敗するか分からん」と嘆くほどだった。実際、この連敗は13連敗（1分け挟む）まで伸びてしまった。7月もオールスター後に7連敗を喫した。最下位に沈んでいたヤクルトが7連勝したこともあり、ヤクルトと並ぶ最下位に落ち込んだ。

下位に沈む両球団には因縁があった。7月27日、ヤクルト・宮本賢治に完封負けを喫した後、近藤監督は悔しさのあまり「あんなヘボ球団にシャットアウトされるんだから、うちはヘボヘボってことだよ」と口走った。

前日26日も尾花高夫に完封されており、2試合連続の完封負け。ヤクルトに3連敗だった。

翌日の新聞で知ったヤクルト土橋正幸監督が「いくら最下位だって、ヘボ球団はひどい」と腹を立て、これがチームの刺激剤になったという。横浜大洋に勝って7連勝を決めた土橋監督は「ヘボ球団と言われてナインに火がついたんだから、今は感謝しなくちゃいけないかな。そうだ、お中元としてヤクルト製品でも贈ろうか」とジョークを飛ばしていた。

同じ順位とはいえ、明暗の分かれる両チームだった。

近藤監督の嘆き節は続く。

8月15日の巨人戦（横浜スタジアム）ではエース遠藤が先発しながら、2対7で完敗した。この試合後は「うちのチームにプロと呼べるような選手は4、5人しかいませんよ」と口にした。その翌16日にはルーキーの巨人・桑田真澄を攻略して6対3と勝利を収め、プロ初黒星をつけると、「今日はプロが10人ほどいた」と上方修正している。

８月23日の巨人戦（後楽園球場）では、２点を先制するものの、５ホーマーを浴びて逆転負けを喫すると、こう言った。

「横綱と十両、ヘビー級とフライ級の差だ。力が違いすぎてお手上げです。こういう試合では打つ手もない」

さらに、８月28日の中日戦（横浜スタジアム）では、プロ４年目の鹿島忠にプロ初の完封負けを喫した。近藤監督が中日時代にドラフト１位で指名した投手に抑えられ、よほど悔しかったのだろう。

「本当に情けない。ファームに毛の生えたような投手になぜ抑え込まれるんだ。40年間のプロ生活で一番情けないシーズンです」

10月２日の中日戦（ナゴヤ球場）で敗れると、「２年間かけて一生懸命につくってきたチームが、こんな試合ばかり……自分が情けなくなる」とため息をついた。

ボキャブラリーが豊富なのでユーモラスに感じるが、思うように結果が出ない悔しさは募っていたのだろう。

シーズン終盤になると、次期監督の話題が出てきた。広島を４回の優勝に導いた名将、古葉竹識の名前が挙がった。

10月13日、東京・丸の内のパレスホテルで久野修慈球団社長が、古葉と会い、就任の快諾を得た。契約年数は5年と、異例の長期契約となった。

久野社長は「3年、そして6年と長いサイクルでチームを立て直してもらうつもりでいる。せめて3年に一度は優勝できるチームにしてもらいたい」と、大きな期待を寄せた。

古葉も強い意欲と自信を見せた。

「来年すぐに優勝などと安直なことを言うつもりはない。それでも近い将来には必ずの自信はあるし、そうしなければならない。幸いフロントからも長期再建計画というバックアップを得ているので、期待に沿うつもりだ」

この時期のプロ野球全体にいえることだが、横浜大洋も「監督を代えれば野球が変わり、強くなる」という思い込みが強い。

長嶋茂雄に固執し、近藤監督を呼び、それでもダメなら古葉……というわけだ。

さて、その4日後、シーズン最終戦の中日戦が横浜スタジアムで行われた。4対1

で勝利した後、全選手がグラウンドに飛び出し、近藤監督を胴上げした。これには近藤監督も感激の表情を浮かべた。

「毒舌を吐いたり、皮肉を言ったりしてきたのに、本当にありがたいことです」

アイデアマンらしく、手を替え品を替えてホエールズを強くしようとしたが、２年連続４位で退任した。

確かに野球にとって監督の手腕は大きいが、それだけでは勝てない。次期監督も、それを痛感する3年間になる。

第4章　名将・古葉に全権を託すも…「横浜大洋銀行」は変わらず

盛大なパーティー

古葉竹識監督のお披露目パーティーは盛大だった。1986年（昭和61年）12月8日、東京・紀尾井町の赤坂プリンスホテルに、約1000人の招待客が集まった。司会は女優の山本陽子さんが務め、招待客の中には、自民党の安倍晋太郎総裁会長、竹下登幹事長ら政界からも多数が詰め掛けていた。

古葉監督は壇上に立ち、力強く語った。

「期待の大きさに負けないよう、選手たちと泥にまみれたい。来年のオフも盛大なパーティーを開いていただけるように頑張ります」

古葉監督は、内野手として広島で活躍し、現役最後の2年間は南海でプレー。引退後の2年間は南海でコーチも経験した。ここで選手兼任だった野村克也監督の考える野球を学び、1973年（昭和48年）にはパ・リーグ優勝にも貢献している。

1974年（昭和49年）に守備コーチとして広島に復帰すると、翌1975年（昭和50年）には15試合で帰国したジョー・ルーツ監督の代わりに監督に就任し、球団史上初のリーグ優勝に導いた。この年をはじめとし、1979年（昭和54年）、1980年（昭和55年）、1984年（昭和59年）と4度のリーグ優勝、日本シリーズ制覇を成し遂げ、広島の黄金時代を築いた。

古葉監督が引き継いだとき、広島は6年連続のBクラス、3年連続の最下位に低迷していた。しかし、リードオフマンの大下剛史、勝負強い山本浩二、衣笠祥雄ら主軸が確立して、監督を務めた11年間で9度のAクラス、4度のリーグ優勝と、常勝軍団を作り上げた。

古葉監督は広島を退団した後に「監督を辞めた後も最低5年間はAクラスでやっていけるチームにしたつもりだった。実際にやってきた自信もあった」と語っている。実際、古葉監督の退任後も、阿南準郎監督が1年目にリーグ優勝、次の山本浩二監督も3年目に優勝を果たすなど、安定してAクラスを維持した。

横浜大洋としては、弱小チームを勝てるように育てた手腕に期待を寄せたわけだ。ホエールズも、横浜に移転してからの9年間でAクラスは2回だけと低迷しており、状況は似ているといってよかった。

古葉監督には自信があったのだろう。ホエールズの監督就任にあたり、目指すチーム像を述べている。

「ひと言でいえば、魅力あるチームです。広い横浜スタジアムに合った野球、足を使ったスリリングな野球をやっていきたい。投手陣はある程度先発できる人がいるが、層が薄い。中継ぎに人材がなく、追加点を奪われ敗戦につながっているケースが多い。それに控え選手の充実が一番ですね。レギュラーに故障が出ても戦力が落ちないように、幅広い起用ができるようにしたい」

球団からは「すべてをお任せします。コーチ陣も連れてきてください」と全権を委任されていたため、古葉監督は広島時代の腹心を呼んだ。

寺岡孝ヘッドコーチ、佐野嘉幸打撃コーチ、小林正之守備走塁コーチ、中村光良二軍投手コーチ、雑賀幸男マネジャー、そして木庭教スカウトらが加入し、球団の雰囲気はがらりと変わった。

古葉監督は、広島時代と同じようにやっていけば、同じように常勝チームが育っていくと考えたのだろう。

しかし、人の心は難しい。

たとえ古葉監督の方針が正しかったとしても、受け取る側の思いが異なるものだ。横浜大洋ホエールズから横浜ベイスターズにかけて、球団は監督交代でチームを一新しようとし、結果が出なければ、また新しい監督に希望を抱く。

完全無欠な指揮官など存在するはずもなく、球団の現状として何を優先するか……たとえば腹を据えて、負け込んでも育成を重視するのか、現有戦力で勝負をかけるのか、その方針が一貫していなかった。

近年では北海道日本ハムファイターズをはじめとして、フロントがチームをつくり、監督が現場をマネジメントするという役割分担が明確化される球団も増えてきた。だが、この時代は、監督に全権を任せ、ダメなら切るという悪循環を繰り返していた。横浜大洋ホエールズの球団内には、新しい監督が来ても「負ければ、そのうちいなくなる」という認識があった。

この意識が最大の難敵だった。

古葉監督は、春季キャンプから改革を進めた。

まず、コーチの担当制を撤廃し、自身が受け持つセクションだけではなく、全体的に指導するよう促した。そのため、フリー打撃で投手コーチがバッティングをアドバイスしたり、守備コーチがブルペンに姿を見せる場面も多々あった。

また、全体ミーティングは行わず、反省や意思統一はグラウンドでコーチと選手が話す個人面談方式に変えた。

ホテルの門限も原則は午後10時だが、休養日の前夜は個人の裁量に任せた。古葉監督は「人に迷惑をかけず、社会人の常識を持って遊べばいい」と語っていた。

選手をプロとして扱うことで各自の自覚を促す狙いで、この緊張感はプレーにも表れた。

2月7日に行った初の紅白戦では、追い込まれてからバントのサインが出たり、併殺を阻止するための厳しいスライディングが飛び出すなど、調整段階とは思えぬプレーが続いた。

古葉監督も、ゆったりと打球を追った外野手に対し「足の速いランナーなら三塁を許してしまっている」「ムダな塁を取られるな」と、下位チームからの脱却に向けて、細かい点を厳しく指摘していた。

ただ、その後の混乱につながる要素も垣間見える。

オープン戦の初戦は、ビジターでの日本ハム戦とあり、コーチ陣は「試合組」と「残留組」に分かれた。

「試合組」は寺岡ヘッドコーチ、佐野打撃コーチ、小林守備走塁コーチ、福嶋久晃バッテリーコーチと、広島からやってきた、いわゆる古葉監督の腹心ばかり。大洋生え抜きの中塚政幸打撃コーチ、稲川誠投手コーチ、松岡功祐守備走塁コーチらは、残留組になった。

古葉監督は「コーチとのサイン交換もオープン戦からテストする。寺岡とは初のコンビになるし、サインのタイミングなども研究していきたい」と、その理由を語った。

「就任した以上は何とか優勝を争えるチーム、戦力をつくらなければならない」目標に向かって貪欲に進む姿勢の表れなのだが、腹心たちの存在も、のちのちチームの溝を生み出す一因になってしまう。

▲低迷していたチームの改革を託された名将・古葉竹織監督。1987年から
指揮を執ったが、思うような結果を残せずに3年での退任となった

遠藤のアキレス腱断裂

古葉監督の初陣は、4月10日、広島市民球場での広島戦だった。

11年間、慣れ親しんだ一塁側ではなく、三塁側ベンチに入った古葉監督は「あっち（一塁側ベンチ）は西日が差すから、陽が完全に沈むまでまぶしいんだよ」と、ビジターの雰囲気を楽しむように話していた。

開幕投手はエース遠藤一彦に託した。遠藤は信頼にこたえ、9回1失点、11三振を奪う快投で完投勝利を収めた。

打線も、前年に5連敗を喫した北別府学を攻略した。0対0の4回表二死二塁のチャンスに、この年に西武から移籍してきた片平晋作が、北別府から右中間へ先制2ランを放った。

片平は2回表先頭の第1打席、三振を喫している。ベンチに戻ると、古葉監督に声をかけられた。

「これで次は出るぞ」

この言葉に気をよくして迎えた第2打席の決勝アーチだった。

さらに、6回二死一、二塁では田代富雄がセンターオーバーの二塁打を放ち、ダメ押しの2点を挙げた。

トレード要員だった田代は、古葉監督の「田代がやらなくては、大洋は勝てん」という言葉が発奮材料になっていた。思い切りの悪さを指摘され、チャンスで迎えたこの打席は初球に的を絞って打席に立っていた。

試合後には「監督のうれしそうな顔を見られて最高です」というコメントを残している。古葉監督の就任で、チームが変わったと感じられるような開幕勝利だった。

百戦錬磨の古葉監督も、新天地の勝利は格別だったのだろう。

「今まで700試合以上も勝ってきたが、こんなにうれしい勝ち星はない。片平の一発が効いた。田代の二塁打も大きい」

しかし、何と言っても遠藤の安定感が勝因である。遠藤は試合後にこう言っている。

「4回に2点を取ってくれたときに勝てると思いましたよ」

円熟期を迎えた遠藤は、確かに2点あれば十分だっただろう。展開としては大洋の圧勝といってよかった。

広島は開幕前に、主力の高橋慶彦が球団フロントの首脳と口論した上、練習をボイコットして球団から謹慎処分を受けるなど混乱の中で開幕戦を迎えていた。

そこで、かつての指揮官が率いるチームに敗れたとあり、ファンもストレスがたまっていたのだろう。大洋が4点をリードした6回、三塁側の大洋応援席で大洋応援団と広島ファンとの乱闘が起きた。

このとき、大洋応援団が広島ファンの額を応援用太鼓のバチで殴りつけ、裂傷を負わせたために、傷害容疑で書類送検される騒ぎがあった。


しかし、強い大洋は続かなかった。

翌11日の第2戦はミスを連発した。3回は先発した木田勇の暴投からピンチを招き、ジョンソンに先制2ランを浴びた。同点の6回には木田の一塁ベースカバーが遅れて併殺を取れず、続く衣笠祥雄に勝ち越しタイムリーを打たれた。

7回もワイルドピッチで失点するなど、以前の弱い大洋のままの敗戦を喫し、古葉監督は「2点を追った8回無死一塁で、走者に打球が当たって守備妨害ではね……」

と嘆きの言葉を口にした。

ここから4連敗。次に白星を挙げるのは、遠藤が先発の試合だった。

4月16日、横浜スタジアムでの阪神戦は先攻を許す苦しい展開になった。2回に阪神に得点を与え、3回に同点とするも、5回表に掛布雅之にタイムリー二塁打を浴びて、再びリードを許した。

1点を追う7回裏一死で打席が回ってきた遠藤は「代打を出されるだろう」とベンチを見た。試合も終盤で、まずは追い付かなければならない。しかし、古葉監督はそのまま遠藤を打席に立たせた。遠藤が先発する試合はすべてを任せる。別格のエースと認めるからこその続投だった。

遠藤はこの打席でタイムリー三塁打を放って逆転劇のきっかけをつくった。その後は危なげない投球で、2試合連続で完投勝利を挙げた。

「僕に任せてくれた監督の気持ちがうれしかったから、何とかして塁に出ようと必死だった」

開幕6試合でチーム2勝は、ともに遠藤の勝ち星である。あらためて遠藤の存在感が際立つばかりだった。

遠藤は右足アキレス腱を痛め、５月24日の登板以後、７月８日まで一軍のマウンドから遠ざかった。遠藤が離脱している間、チームは11勝18敗１分。６月には９連敗を喫するなど、厳しい試合が続いた。

遠藤が復帰したのは７月８日のヤクルト戦（神宮球場）。先発すると、１回表に味方打線が効果的に６安打を集めて６点を先制してくれた。

遠藤はその裏、２安打を浴びてピンチを招き、２回には池山隆寛に７号ソロを浴びたものの、次第に調子を取り戻し、３回以降は１人の走者も許さないパーフェクト投球で５勝目を挙げた。遠藤の戦列復帰とともにチームは調子を取り戻し、８月15日に遠藤の９勝目から８連勝を記録した。

また８月下旬から始まった連敗を９で止めたのも遠藤だった。９月８日の中日戦（横浜スタジアム）、１回表に２失点するなど苦しい展開だったが、９回10安打５失点で最後まで投げ切った。

９月15日の中日戦（ナゴヤ球場）で９回３失点の完投勝利で12勝目、同21日の阪神戦（横浜スタジアム）は完封で13勝目を飾った。さらに同27日の広島戦（広島市民球場）でも、13安打を浴びながら２失点完投で14勝目を挙げ、巨人・桑田真澄、中日・

小松辰雄に並ぶハーラートップに立ち、3年ぶり3度目となる最多勝利のタイトルも視野に入ってきた。

やはり横浜大洋ホエールズは遠藤一彦を中心としたチーム。それを痛感している中で、アクシデントが起きた。

10月3日、後楽園球場で行われた巨人戦。1対0とリードして迎えた5回表の攻撃、遠藤は先頭打者として打席に入り、二ゴロを放つと、これが相手のエラーを誘い、一塁ベースに残った。

続く高木豊が左翼線を抜くヒットを放つと、防寒対策でウインドブレーカーを着た遠藤は二塁を回って、三塁へ向かった。

その3歩目から走るスピードが落ちた。遠藤は足を引きずりながら三塁ベースへ頭からすべり込んだ。

両手でベースをかかえたまま遠藤は動かない。ベンチから選手たちが駆け寄り、すぐさま担架が用意された。球場内のトレーナー室に運ばれ、湿布とテーピングの応急処置を受けた後、升永雅純トレーナーの車でチームドクターである横浜南共済病院へ向かった。

広報担当の証言によると、遠藤は「二塁を回ったとき、ガツンという音がした。後ろから蹴られたような……」と言っていたという。

検査の結果、「右足アキレス腱不全断裂」と診断され、翌5日に手術を受けることになった。

遠藤が途中退場した後、山下大輔のタイムリー二塁打で2点を加えたものの、リリーフ陣が3点のリードを守り切れず、3対4で敗れた。

病院のベッドに横たわった遠藤は「ケガは仕方がない。でも、チームに迷惑がかかるし、自分も残念。1日も早く完治させたい」というコメントを球団に託した。

遠藤はその数年前から右足首に痛み止めの注射を打って登板しており、少しずつアキレス腱が細くなっていたという。

このケガをきっかけに、遠藤の選手生活は大きく変わる。

翌1988年（昭和63年）も開幕投手を目指して急ピッチで仕上げるが、後に振り返れば、これが間違いだったかもしれない。結局、開幕投手は欠端光則に譲り、4月12日の広島戦（横浜スタジアム）で復帰登板を果たすものの、前年までのような遠藤のピッチングは見られなかった。

この年、5勝12敗、防御率4・76。翌1989年（平成元年）は2勝8敗、防御率6・17に終わり、遠藤自身も「もう終わりかな……」と思ったという。

のちに、遠藤はこう振り返っている。

「ケガをした翌年の開幕投手へのこだわりがなかったら、じっくりとリハビリをして、88年の夏ぐらいに復帰していれば、その後も違ったのかもしれません。開幕投手を他の人に譲りたくない気持ちが強すぎ、焦りがありました」

開幕投手は遠藤にとって、エースであるプライドの象徴だった。ただ、指導者に転じてからは、負傷した選手に「焦らず、休むときは休め」とアドバイスしているという。

「私はあのとき『開幕投手に執着するか、あきらめて先の野球人生を長くするか』という判断で、前者を選んだんです。開幕投手を経験すると譲れないんですよ。他の投手が開幕投手になるなんて、想像もできなかったんです」

しかし、チームにとってはあまりにも痛すぎた。遠藤がエースとしてフル回転するからこそ、上位浮上への計算が成り立つ。ケガによる急激な力の衰えは、大黒柱がポッキリと折れてしまったに等しかった。

古葉監督は、大洋を退団した後に勝てなかった原因を語っている。

「戦力的には最初の年、エース遠藤が故障したのが響きました。大黒柱がいなくなり、本来は先発4、5番手の投手を軸にしなければなりませんでした。野手では外国人はいい打者がいましたが、全体的に〝走〟〝守〟の力が足りませんでした。3年間ユニフォームを着ましたが、チームを変えるにはやはり5年は必要だと痛感しました」

古葉監督の初年度、1987年（昭和62年）は56勝68敗6分の5位。優勝した巨人には22・5ゲームも離されていた。

勝負の世界といえばそれまでだが、結果が出ないと球団はバラバラになっていく。ましてや他球団から、たくさんの腹心を連れてきた古葉監督には、球団内からも厳しい目が向けられていた。

古葉監督の2年目となる1988年（昭和63年）は、オープン戦を14勝3敗1分の首位で終えた。

高木豊が12球団トップの打率4割4分4厘、銚子利夫も打率3割4分6厘と5位につけていた。さらにはPL学園高から新加入したルーキー・野村弘（1990年より野村弘樹）が、2度の先発を含む5試合に登板して、15回⅓を無失点に抑えた。

古葉監督は、記者陣から開幕前のチーム状態に点数を求められると「90点」と答えている。

「故障者もなく順調。僕より選手たちの方が、〝優勝するんだ〟と燃えている」

東京ドームの完成を記念して開催されたトーナメント大会では、前年にアキレス腱を断裂した遠藤も、180日ぶりの復帰登板を果たした。2回を1安打無失点。真っすぐこそ120キロ台と抑え気味だったが、フォークボールで2三振を取るなど、チームに明るい話題をもたらした。

すべてが順調に進み、古葉監督も手ごたえをつかんでいたのだろう。

3月22日に神奈川県民ホールで開かれたファンの集い「いくぞ横浜大洋！　マリン

ブルー」では、アイドルの酒井法子さんから「今年の大洋は優勝できますか？」と問われ、両手で大きな丸をつくって答えている。

さらには、古葉監督の激励歌『古葉、大洋よ覇者となれ』（作詞＝石本美由起、星野哲郎、なかにし礼、作曲＝吉田正、編曲＝三木たかし）が発表された。

歌詞には「男は耐えて　勝つことを　ゲームの度びに　試すのさ」「団結こそが　力だと　奇跡を起こす　将が云う」などとある。

1年目の5位から優勝戦線へと機運は高まっていた。

ところが予想外の出来事が起きた。

開幕戦を2日後に控えた4月6日、突然、山下大輔が引退を発表した。開幕直前に主力選手が引退を決めるのは球界でも異例で、チーム内外から驚きに包まれた。

この年の3月5日で36歳になった山下は、実は前年シーズンを終えた段階で球団側に引退を相談していた。動体視力の衰え、下半身の筋肉がひきつるなどの自覚症状が出るなどを理由に挙げた。

しかし、久野修慈球団社長、古葉監督から「若手が育つまで、もう1年やってほしい」と慰留され、山下も「ゼロからやり直すつもりだった」というが、キャンプ、オープン戦を通じて「体力の衰えに加え、若い選手ももう大丈夫という実感を持った」と語った。

3日前の4月3日、古葉監督から開幕二軍を告げられていた。山下は、それが直接の理由ではないと語っている。

「その前に球団に相談していた。時期が二軍落ちと重なったけど、直接の引き金ではなかった。発表がこの時期になったのは、1日も早く、開幕前に発表した方がみんなに迷惑がかからないと思ったからです」

14年間に及ぶ選手生活の思い出を問われると、山下は答えた。

「とにかく優勝したかったですね」

大洋一筋の14年間、華麗な守備でチームを支え続けたが、Aクラスは2回だけと、優勝とは縁遠い現役生活だった。

なお、山下は評論家を経て、横浜ベイスターズに変わった1993年（平成5年）からコーチとして球団に戻り、引退からちょうど10年後の1998年（平成10年）には権藤博監督を支えるヘッドコーチとして、38年ぶりのセ・リーグ優勝、日本一に貢献する。

突然の山下の引退は、若手が育った証でもあった。古葉監督が、山下の引退を聞いて、こんな言葉を残している。

「昨年相談されたとき、若い人が伸びるまでもう1年やってくれと話した。しかし、銚子、大川ら若手が伸びたのを見て外れようと思ったのだろう。将来の指導者の道を考えれば、ファーム生活を経験することも有意義だったのだが……」

確かにベテラン山下が残っていたら、チームが苦しい時期にリーダーとして力を発揮する時期があったかもしれない。

古葉監督の2年目、欠端を開幕投手に抜てきして白星スタートをするものの、2戦目から3連敗を喫する。4月下旬から5連敗、6月にも5連敗と、厳しい戦いが続く。それでも、カルロス・ポンセの活躍と、新加入したジム・パチョレックの好打を軸として、7月は13勝6敗と勝ち越し、Aクラス入りに望みをつないだ。

しかし、8月下旬からの7連敗が響き、9月は6勝11敗と大きく負け越した。結局59勝67敗4分の4位と、1つ順位を上げたものの、優勝した中日との差は20・5ゲームもあり、常勝チームへの兆しが見えたとはいえなかった。

タイトルは華やかだった。ポンセが2年連続の打点王、初のホームラン王、パチョレックは最多安打を獲得した。屋鋪要も3度目の盗塁王を手にしている。

なお、チーム全体でも121盗塁はセ・リーグ最多で、チーム打率2割7分3厘もリーグ1位である。

個々の選手が活躍しても、チームの勝利に結び付かない。名将の誉れ高い古葉監督に任せても、横浜大洋ホエールズのカラーはそのままだった。

巨人に18連敗〝横浜大洋銀行〟

古葉監督は試合中、決してベンチに座らなかった。ダッグアウトの隅から、半身を壁に隠しながら試合を見る姿が、漫画などでパロディーとして描かれていた。古葉監督の象徴的なシーンといっていい。

試合中の立ち位置については「隅っこにいるとね、投手の球がすごくよく見える」と語っている。

古葉監督のスタイルというわけだが、ベンチ裏に消えてしまいたくなるときもあったただろう。特に巨人戦である。

横浜大洋ホエールズは巨人に弱かった。1988年（昭和63年）から1989年（平成元年）にかけて実に18連敗を喫している。内容とともに振り返ってみよう。

【1988年】

・8月21日（横浜スタジアム）●1－7巨人

先発の相川英明が3回途中4失点KO。桑田真澄に完投勝利を許す。

・8月30日（東京ドーム）●2－3×巨人

9回に追い付いて延長戦に持ち込むも、11回裏、中山裕章が呂明賜にサヨナラヒットを打たれた。

・8月31日（東京ドーム）●2－8巨人

5回表に勝ち越すも、その裏に新浦壽夫がつかまり逆転される。8回には松本豊が呂に14号2ラン、有田修三に7号ソロを浴びてダメ押しされた。

・9月1日（東京ドーム）●4－5巨人

3回にポンセがリーグトップとなる27号2ランを放って先制。6回にもポンセの28号ソロが出て、4対1とリードを広げた。だが、その裏から斉藤明夫の後を受けてマウンドに上がった欠端光則が4失点と打ち込まれ、逆転負けを喫した。

・9月16日（東京ドーム）●2－3巨人

ドラフト1位ルーキー・盛田幸妃が先発するも、先頭から2連続四球を与えたところで降板。0対0の6回裏、岡本透がピンチを招き、リリーフした松本が有田に3ランを浴びた。7回表に2点を返すも、あと1点が届かなかった。

・9月17日（東京ドーム）●1－2巨人

1回裏に2点を失うものの、その後は新浦が踏ん張って点を与えない。だが、打線は槙原寛己を打てず、8回に併殺崩れで1点を返すのが精いっぱい。古葉監督は

「投手が最少失点に抑えているんだから、なんとか点を取り返して勝たせてあげないと」とコメントした。

・9月18日（東京ドーム）●1－4巨人

先発の相川が3回途中3失点でKOされると、打線は6回に高木豊の6号ソロで1点を返しただけ。松原靖―斎藤雅樹のリレーに敗れた。この日、チームは中塚政幸打撃コーチを二軍監督に、片平晋作を兼任打撃コーチにすることを決めた。

・10月4日（横浜スタジアム）●1－4巨人

先発の斉藤が1回表にいきなり3連打を浴びるなど、一死を取っただけの3失点で降板。4回裏にポンセの33号ソロで1点を返すも、反撃はこれだけ。松原―斎藤―鹿取義隆のリレーに抑え込まれた。なお、退団が決まっていた巨人・王貞治監督にとって最後の試合だった。

【1989年】

・4月22日（東京ドーム）●2－3巨人

7回表に1対1の同点に追い付くも、その裏に2番手の大門和彦が駒田徳広に2ランを浴びた。8回に山崎賢一の2号ソロで1点差に迫るも、反撃はここまで。槙原に8安打2失点で完投勝利を許した。

・4月23日（東京ドーム）●3－5×巨人

1対3の9回表に市川和正の2点タイムリーで同点に追い付くも、その裏に中山がクロマティにサヨナラホームランを浴びた。2ストライクと追い込み、捕手の市川はボール球を要求したが、中途半端なボールになってしまった。

・5月9日（横浜スタジアム）●5－6巨人

4回に4連打などで4点を奪って逆転するなど、桑田を5回で降板させるも、6回に追い付かれた。そのまま延長戦へ。延長10回表一死から、中山が4番・原辰徳に勝ち越しホームランを浴びた。9回裏一死満塁の好機も生かせず。

・5月10日（横浜スタジアム）●4―5巨人

先発の斉藤が初回に5連打などで3点を失う。1対5の8回裏に3点を返すも、あと1点が届かなかった。完投勝利を許した巨人・斎藤は、7日の広島戦で1回KOされており、中2日での登板だった。この年、斎藤は前年の6勝から20勝と飛躍した。大投手になる契機の1つの試合といっていい。

・5月30日（新潟）●0―7

斎藤に7安打で完封される。横浜大洋は斉藤―岡本透―松本―田辺学―相川とつなぐが、7失点を喫した。古葉監督は「巨人戦になると、いい結果が出ない。特に中心打者が抑え込まれてしまっては……」と嘆いた。ただ、ルーキー・谷繁元信が3安打と、プロ初の猛打賞。オープン戦でも斎藤からホームランを放っており「結果がそうだから、きっと相性がいいってことなんでしょうね」と語った。

・5月31日（東京ドーム）●3―4×巨人

0対0の8回表に高木豊、屋鋪のタイムリーなどで3点を先制するも、その裏に篠塚利夫（和典）の2点タイムリーとクロマティの犠飛で同点にされる。3対3の延長10回裏、欠端が巨人・岡崎郁にサヨナラ打を浴びた。寺岡孝ヘッドコーチがベンチ内に清めの塩を盛るも、連敗を止められなかった。

・6月1日（東京ドーム）●1－4巨人

1対2と1点を追う8回の守り、ルーキー左腕の田辺が岡崎に死球を当て、乱闘騒ぎになり、岡崎は退場処分となった。その後、駒田にタイムリー内野安打を浴びるなどで2点を失った。死球に対し、古葉監督は「狙ったものではない。あそこで死球になって痛いのはこっちですよ」と語った。

・6月6日（横浜スタジアム）●4－9巨人

先発の斉藤が1回表、井上真二に先頭打者アーチを浴びた。その裏、パチョレックのタイムリーなどで3点を挙げて逆転するも、3回に井上に2打席連続のホームランを食らう。1点リードの4回は斉藤が打ち込まれ、田辺、欠端とつなぐも止められず6点を失い、逆転負けを喫した。退団報道も出始めた古葉監督は「弱いから何を書かれても仕方ないんですよ。いろいろ言われる中でも、戦っていかねばならないのだから」と語った。

・**6月7日（横浜スタジアム）●3－5巨人**

先発の大門が、初回にクロマティの先制タイムリーで2点を失う。その裏に1点を返すも、2回に1点、3回に1点と加点された。大洋打線も、巨人・槙原に12安打を浴びせたものの3得点にとどまり、届かず。普段は温かいファンからもグラウンドに物が投げ入れられた。久野球団社長は「明日は勝つでしょう。みんな一生懸命やっている。今はトンネルの中で勉強していると思えばいい。ファンには申し訳ないですよ」とコメントした。

・**6月8日（横浜スタジアム）●3－4巨人**

4時間40分に及ぶ熱戦も連敗は止まらなかった。3対3で迎えた延長12回表、8回途中からリリーフして好投していた欠端が、巨人・上田和明に決勝アーチを浴びた。上田は1984年ドラフト1位で、これがプロ初本塁打だった。大洋は10連敗、巨人戦の連敗も18まで伸びてしまった。最後の打者になった高木豊は、試合後ベンチに座り込んで涙を流した。

高木豊は、この試合のことをよく覚えていた。のちのインタビューで次のように語っている。

「18連敗目が6月8日でしょ。その前日の7日の17連敗目のときにポンセがロッカールームで泣いていたの。で、翌日は1点ビハインドで僕が最後のバッターで、ホームランが出れば逆転サヨナラだったけど打てなかった。空振り三振だったかな。ポンセの思いもあって勝ちたいという思いが強かったけど、それでも勝てなかった」

このときのポンセは不調に陥っており、17連敗目の7日が5打数無安打、8日も5打数無安打で打率は2割2分8厘まで下がっていた。

巨人戦の連敗が止まるのは6月20日（富山県営球場）。5対0で勝利した。38歳のベテラン新浦壽夫が5安打完封、10奪三振の快投をやってのけた。

7回一死一、三塁のピンチには岡崎を二直に仕留めたあと、駒田に対してフルカウントからボールになるスライダーを投じて空振り三振に打ち取った。見送られれば四球で満塁になるところだが、新浦は「必ず打ってくる」と打者心理を読み取って勝負した。

新浦は攻撃でも、6回二死一、三塁ではセーフティーバントをすると、一塁に全力疾走した。勢い余って平光清塁審と激突して、しばらく立ち上がれないほど、気迫あふれるプレーを見せた（結果は一ゴロ）。

ローテーションでは斉藤の順番だったが、予定を変更して新浦を投入した策が当たった。古葉監督は「新浦がリズムよく投げていたので、点さえ取れればと思っていた。何より相手にスキを与えなかったからね」とベテラン左腕をたたえ、304日ぶりの巨人戦勝利に「負け続けていたからね。ひとつ勝ったから巨人に勝つ味も覚えてくれたはず」と、声をうわずらせながら勝利を喜んでいた。

巨人戦に弱いのは、古葉監督の時代ばかりではなかった。横浜大洋ホエールズの時代、「横浜大洋銀行」という表現があった。大洋以外のチームにとって、大洋戦は貯金（勝ち数）を稼げる……大洋は白星を融資してくれるお得意様というわけだ。

「横浜銀行」という地元を代表する金融機関があるため、これに「大洋」を入れても、いかにも実在しそうな語感が漂っていた。大洋にとっては屈辱的な言葉だが、すぐに定着した。

スポーツ新聞などで使われるようになったのは１９８１年（昭和56年）、巨人がこの年から就任した藤田元司監督のもとで優勝した年である。大洋は６位で、首位巨人に31・５ゲーム差、５位中日にも15・５ゲームを離される断トツの最下位であった。

この年の巨人戦は４勝20敗２分。つまり巨人に16もの貯金を献上している。巨人はトータルで73勝48敗９分の貯金25だから、大半を大洋から稼いでいる。優勝の大きな要因と言っていいだろう。

横浜大洋銀行と呼ばれた時代を選手たちはどう受け止めていたのだろうか。斉藤は言う。

「一生懸命やっているのに何でだよと思いました。こっちだって勝とうと思ってやっているのに……。でも、巨人に弱かったのは事実で、7回くらいになると負の力が働くのか、あれあれ？　という展開になりました」

田代富雄は「悔しかったですね。でも、長嶋さんが巨人の監督だった1980年（昭和55年）は勝ち越したんですね」と振り返った。

横浜大洋ホエールズ15年間の巨人との対戦成績を挙げてみよう。

・1978年（昭和53年）●11勝13敗2分（−2）
・1979年（昭和54年）●9勝11敗6分（−2）
・1980年（昭和55年）○16勝10敗（+6）
・1981年（昭和56年）●4勝20敗2分（−16）
・1982年（昭和57年）●9勝14敗3分（−5）
・1983年（昭和58年）○13勝11敗2分（+2）
・1984年（昭和59年）●6勝19敗1分（−13）
・1985年（昭和60年）○13勝10敗3分（+3）
・1986年（昭和61年）●7勝18敗1分（−11）
・1987年（昭和62年）●7勝18敗1分（−11）

・1988年（昭和63年）●9勝17敗（−8）
・1989年（平成元年）●5勝21敗（−16）
・1990年（平成2年）●11勝15敗（−4）
・1991年（平成3年）△13勝13敗（0）
・1992年（平成4年）△13勝13敗（0）
合計146勝223敗21分（−77）

平松政次、斉藤明夫、野村弘樹と、歴代「巨人キラー」と呼ばれた投手がいるにもかかわらず、トータルでみると巨人に弱かった。

横浜大洋ホエールズの15年間で、巨人に勝ち越したのは3回だけだった。

球団社長とコーチの怒鳴り合い

巨人戦で2年越しの18連敗を喫した1989年（平成元年）は開幕直後から、球団内に不穏な空気が漂っていた。

開幕投手は2年ぶりの遠藤に決まっていたが、雨天中止となった。翌4月9日の中日戦（ナゴヤ球場）はスライドせず予定通りに斉藤が先発し、4対3で勝った。パチョレックが二塁打、三塁打、ホームランと大当たり。斉藤が8回途中まで6安打3失点、抑えの中山裕章で白星を飾った。

しかし、次カードの広島3連戦（横浜スタジアム）は3連敗を喫した。第1戦が2対5、第2戦が1対2。第3戦は先発の野村が4回途中4失点でKOされ、4対6で敗れた。なお、この試合では石井忠徳（1992年より石井琢朗）が投手としてプロ初登板を果たして、1回3安打で1点を失っている。

この試合後、久野社長が緊急ミーティングを開いた。ここでのやり取りが、同年6月6日付の日刊スポーツに書かれている。

まず久野社長が「3連敗してファンに恥ずかしくないのか！」とナインにゲキを飛ばした。すかさず寺岡ヘッドが「でも選手は一生懸命やっています」とナインをかばう発言。これを聞いた久野社長が「それじゃあ、どうして勝てないんだ！」と再び激高。再び寺岡ヘッドが返す刀で「そう言うなら、辞めさせてください！」。ミーティングは全選手の前で両者の「辞める辞めない」の口論に発展したいきさつがある。

連敗を止めた後も状態は上がっていかない。前半戦を終えた7月23日の時点で26勝45敗3分と借金19。独走状態の首位の巨人とは24ゲーム差、5位阪神とも3ゲーム差がついていた。

古葉監督は前半戦を総括して、こんな言葉を残している。

「誤算はポンセの打撃不振に加え、若手の守備の破綻。投手では斉藤、遠藤の途中リタイア、中山の不調……。親会社からも全面応援をいただきながら、いまだに浮上できずファンにも申し訳ない気持ちでいっぱいです。後半は再び若手を底上げし、借金を返済して、まずは勝率5割に戻したい」

後半も苦しい戦いが続く。

8月13日の阪神戦（横浜スタジアム）ではセシル・フィルダーに場外2本を含む3本のホームランを打たれた。

1本目は3回、2番手の遠藤が左翼スタンドへ33号ソロを浴びた。これは推定飛距離115メートルという並みの当たりだった。

2本目は4番手の岡本透が浴びた34号ソロは、グラウンドから約12メートルの高さにあるフェンスを軽く越えて場外に消えていく150メートル弾。

さらに3本目は中山が左翼への160メートル弾を浴びた。打球は公園の木をかすめ、道路まで飛んでいった。合計425メートル。

大洋は高木豊の5安打など17安打と、阪神の16安打を上回るヒットを放ったものの、勝利を手にできなかった。

9月23日の広島戦（広島市民球場）から10月6日の巨人戦（横浜スタジアム）にかけて11連敗を喫する。

しかし、この間、試合の行方はあまり注目されていなかった。勝率3割台とあって最下位はほぼ確定しており、焦点は古葉監督の去就に当たっていた。5年契約の3年目だが、優勝を期待して名将を招聘しながら、3年連続のBクラスとあれば仕方がなかった。

10月2日には、大洋漁業本社の中部慶次郎社長が、監督問題について報道陣の取材に応じた。

「まだ何も動いていません。白紙と受け取っていただいていいです」

同社長はそれまで「古葉さんとスタッフを信頼している」と言い続けてきただけに、白紙というより、大きな後退といってよかった。

古葉監督は5年契約の3年目だが、3年連続でBクラスに低迷しており、この年は最下位に沈んでいた。

さらに厳しい発言は続く。

「企業でも長が代われば3、4年後に実績が出てくるのが普通。それが3年目でこんな成績なのに、古葉さんが皆さん（報道陣）から悪く言われないのが不思議です」

「昨年はチームに粘りがあったけど、今年はダメだね。途中で1対1なら〝もう負けた〟と思っちゃうよ」

「お得意様からも〝チームの勝率が山崎（賢一）の打率よりも低くなっては困ります〟と皮肉を言われます」

9月末日の段階で山崎の打率は3割2分6厘。大洋の勝率は3割1分1厘だった。最終的には山崎の打率は3割9厘、大洋の勝率は3割7分でシーズンを終えた。

古葉監督をバックアップしてきた中部社長の発言が決定打になったのだろう。

2日後の10月4日、古葉監督は球団側に辞任を申し入れた。午後2時半頃、横浜スタジアムから大洋漁業本社にいた久野球団社長に電話をかけて伝え、試合後に一塁側ベンチ裏で会見を開いた。

「今日こっちに来て『こういう成績で申し訳ありません』と伝えました。新聞などで（監督問題が報道され）迷惑をかけている。ファンにも申し訳ないし、早くきっちりした方がいいと思ったんです」

理由を説明した後で、心境を語っている。

「今年は頑張らねばと思ってきたが、自分自身が腹立たしい」

広島での実績を持ち、横浜大洋のチーム再建に自信を持って臨んできたが、うまくはいかなかった。

腹心を連れて乗り込んできたこともあり、もともとチームにいたフロントや選手とは溝があった。結果が出ないことで、その溝は深くなっていき、チーム内はバラバラになっていた。

いや、もともとバラバラだから負けたのかもしれない。

就任時には「永久政権」ともいわれた古葉体制は、わずか3年の短期間に終わった。

V戦士たちの入団

古葉監督の時代に結果を残せなかったが、次代への基礎にはなっている。古葉政権の3年間に入団した選手を挙げてみよう。

★1987年（昭和62年）3位・野村弘＝弘樹（PL学園高、投手）

★1988年（昭和63年）1位・谷繁元信（江の川高、捕手）、ドラフト外・石井忠徳＝琢朗（足利工高、投手＝のちに内野手）

★1989年（平成元年）1位・佐々木主浩（東北福祉大、投手）、5位・川端一彰（中大、内野手）

横浜ベイスターズになった後に38年ぶりの優勝の原動力となるメンバーが続々と入っている。

古葉監督は、野村を1年目から一軍デビューさせ、2年目の1989年（平成元年）には負けても負けてもマウンドに送り続けた。

野村は0勝8敗まで負け越し、8月19日の中日戦（横浜）で岡本透をリリーフして、ようやくシーズン勝利を挙げた。この年33試合に登板して3勝11敗。

野村は翌1990年（平成2年）に初の2ケタ勝利で、チーム最多となる11勝（6敗）を挙げた。1991年（平成3年）もチーム最多の15勝8敗。横浜ベイスターズに変わった1993年（平成5年）には17勝6敗で最多勝を獲得するなど、チームのエースであり、リーグを代表する投手に育っていった。

もちろん野村が持つ能力と努力のたまものだが、古葉監督による我慢の起用が大きな要因になったことは間違いない。

谷繁も1年目から一軍で起用された。谷繁は現役を引退した後、当時を次のように振り返っている。

「僕が入団した1989年は古葉監督の最後の年で、巨人にまるで歯が立ちませんでした。〝横浜大洋銀行〟と言われ、悔しい思いもありましたが、自分のレベルを上げるのが精いっぱい。この年、80試合に出場させてもらいましたが、自分の力で出たとは思っていません。右も左も分からないプロの世界で、いろいろなことを経験させてもらった1年間でした」

谷繁は中日で監督を務めたが、選手兼任時代も含めて4位、5位、6位と結果は出ず、最終年の2016年（平成28年）はシーズン途中の退任という悔しさも味わった。ルーキーとして夢中だった当時とは違う思いもある。

「当時の古葉監督はどういう思いで指揮を執っていたのでしょうか。監督というのは誰もが勝ちたいもの。その中で現有戦力と新戦力を比較して、将来を考えて育成に針を振った方がチームのためになるだろうと、ある程度犠牲にならなければいけない監督もいます。これは監督就任のタイミングですから、仕方がないことです」

「古葉さんの3年間は確かに勝てなかったですが、1998年に横浜が優勝したときの主力メンバーはこの時期に入団した選手たち。結果的に見ると、当時のドラフト戦略は正しかったのではないかと思っています」

古葉監督は、ベイスターズが優勝した後にこんな言葉を残している。

「あのときに獲った選手たちが躍動している姿を見ると、少しはお役に立っていたかなと思っています」

結果がすべての世界ではあるが、何年も経ってから価値が分かる仕事もある。古葉監督の3年間は、そんな意味があるのではないだろうか。

なお、古葉監督は最終戦で、選手たちによる胴上げを断った。10月18日、横浜スタジアムでの広島戦に3対1で勝利すると、グラウンドで引退する片平晋作兼任コーチとともに惜別の花束を贈られた。さらに選手たちが胴上げをしようとすると、それは拒否した。

「勝ってしてもらうものであり、胴上げされるような野球はしなかった」

優勝を期待された名将の、せめてもの意地だった。

古葉監督が退任すると、横浜大洋ホエールズの時代も終焉に近づいている。須藤豊監督の就任から3年後、球団名が変わる。

須藤監督の時代に入る前に、横浜大洋ホエールズの選手たちを振り返っていきたい。

第5章　外国人選手列伝

タッド牛込の手腕

横浜大洋ホエールズで活躍した外国人選手を紹介する前に、牛込惟浩氏に触れておきたい。球団の渉外担当として、数多くの外国人選手をアメリカから連れてきた。

毎年、クリスマスが近づくと、牛込氏は両手に持つ紙袋に大量のクリスマスカードを入れて郵便局に向かった。アメリカの知人、友人に送るクリスマスカードだった。

「アメリカは年賀状ではなく、クリスマスカードですからね。これだけ多くの方に支えられて仕事をしてきたのです。一人ひとりが私にとって大切な人たちなんですよ」

今では各球団とも現地に駐在スカウトを置き、現地での生きた情報を直接確認し、チームにとって必要な外国人選手を選んでいる。だが、かつては仲介役の一方的な情報が頼りで、そうなれば大リーグ球団や選手側に有利に進むため、成功の確率が低かった時代がある。

そんな頃から、牛込氏は現地に出向いて人脈を築き、多くのメジャー関係者に「タッド」と呼ばれて親しまれた。幅広い人脈から得る生きた情報と自らの目で選手を選び、交渉してきたからこそ、大洋球団は、有能で、日本球界に適した選手を獲得できた。年々増えていくクリスマスカードの数が、長年の軌跡を物語っていた。

牛込氏は１９３６年（昭和11年）５月26日、東京都に生まれた。早稲田大学法学部を卒業した後、「何か一つ技術を身に付けたい」と考え、日米会話学院に進んで英語を学んだ。

卒業間近の１９６４年（昭和39年）２月、学院を通じて、大洋球団で通訳のアルバイトが舞い込んできた。東京・永田町のホテルから等々力のグラウンドまで外国人選手を連れていくのが仕事だったという。これを機に、誘われるまま球団に入った。

通訳、マネジャーなどを経験した牛込氏が、渉外担当として飛躍するのはクリート・ボイヤーの存在が大きかった。

ボイヤーはニューヨーク・ヤンキースで活躍した三塁手で、１９６０年からアメリカンリーグ５連覇、１９６１、62年には２年連続してワールドチャンピオンに貢献した。

彼は男６人、女７人の13人兄弟の四男で、男６人は全員がプロ野球選手になっている。長男のクロイド・ボイヤーはメジャー通算20勝を挙げており、次男ケン・ボイヤーはセントルイス・カージナルスの三塁手として活躍し、1978年から3年間はカージナルスの監督も務めている。

なお、1964年のワールドシリーズは、ヤンキースとカージナルスの対戦で、ケンとの「兄弟シリーズ」として話題になった。このときはケンのカージナルスが勝利している。

要するにバリバリのメジャーリーガーで、本来ならば日本球界への移籍など考えられない立場である。しかし、ボイヤーは1967年から所属するアトランタ・ブレーブスで「満足なコーチが1人もいない」と球団を批判したことから退団に至り、トラブルを抱えていたことから移籍先も見つからず、独立系のマイナーチームであるハワイ・アイランダースでプレーしていた。

大洋が交渉に乗り出し、ボイヤーも「メジャー球団を見返したい」と受諾し、1972年（昭和47年）に入団が決まった。

ボイヤーはプレーだけでなく、その存在感が球団にとって大きかった。

「ライオン丸」の異名を持ち、身勝手な行動が多かったジョン・シピンを諭したり、伸び悩んでいた田代富雄を「将来の主軸打者になれる」と見いだし、山下大輔に守備の指導もした。多くの選手がボイヤーを「恩師」と慕っている。

選手兼任コーチも務め、引退後の1976年（昭和51年）も大洋に残って内野守備コーチを務めた。実質ヘッドコーチで、秋山登監督の時代には実質的にボイヤーが采配していた時期もあった。

監督就任の話もあったというが、コーチの人選などでまとまらず、ボイヤーはアメリカに帰国し、その後はヤンキースなどでコーチを務め、デレク・ジーターらを指導した。

このボイヤーが、牛込氏の力となってくれた。牛込氏は生前、こう語っている。

「ボイヤーのおかげで大リーグの関係者といろいろと知り合うことができ、後のスカウト活動に大いに役立ちました」

ボイヤーの紹介を受けながら、人脈を広げていった。

牛込氏は、日本で成功する外国人選手の条件は「打者では変化球に対応できるタイプ」だという。

「右打者なら、走者を一塁においてスライダーが来てボテボテのゴロでゲッツーを食らうような引っ張り専門ではいけません。求められるのは走者を置いて進める打撃ができる選手。少し体を残しながら右にポーンと遅れて打てるようなバッティングができたら日本で成功します」

その典型がカルロス・ポンセだったという。

「実はポンセを獲るとき、本命は他の選手だったのですが、現場でひと目見て『体は大きくないけど、いいスイングをしている』と思ったのです。バットスイングが速い。インサイドに来ても力負けしないで、ガツンと打っていた。しかも、彼の場合は引っ張るのではなく、インサイドアウトで右中間へ持っていく。打球がグーンと伸びて柵越え。右打者でそれができたんです」

ポンセはブルワーズと契約して1985年にメジャーで21試合に出場したが、1986年にメジャーの40人枠から外れていたところ、牛込氏が口説き落として大洋に入団。1990年（平成2年）までの5年間で2年連続打点王、1988年（昭和63年）には本塁打王との2冠に輝いた。

もう1つは、メジャー級の実力がありながらも、あと一歩、壁に苦しんでいる選手に牛込氏は目をつけた。

ジム・パチョレックもそんな選手の1人だった。1987年に3Aからメジャーに昇格したが、その年48試合の出場にとどまっていた。

「マイナーリーグにもハングリーな選手がいるのですが。もともと大洋は資金がないから、名前のある選手はあまり獲らなかった。でも、無名でも、日本に来て花を咲かせる。そういう選手を発掘するのがスカウトの仕事です」

パチョレックは1988年（昭和63年）に大洋に入団。キャンプ、オープン戦と調子が上がってこなかったため、古葉竹識監督からは「これでは困る」と苦言を呈された。だが、牛込氏は自身の眼力への強い自信を持っていた。

「パチョレックは来日早々のキャンプで、フリー打撃のフェンス越えがなかったのです。寒いカナダにいたから、まだ体ができていなかった。オープン戦でもゲッツーを打つ始末。私は彼の能力を信じていました。いざフタを開けたらパチョレックは開幕戦で2安打、1本塁打。それからはとんとん拍子で4月中旬まで4割以上を打っていました」

終わってみれば全130試合に出て、リーグ最多の165安打。1990年（平成

2年）には打率3割2分6厘で首位打者を獲得した。

シーズン後、古葉監督からは「パチョレックがいなかったら4位も危なかった」と評価してもらった。

牛込氏はいつも言っていた。

「首脳陣もマスコミも、外国人選手に対して性急に結果を求めすぎる。環境も変わり、精神的にも大変なんです。でも、慣れれば力を発揮できる。周りが力を発揮できるような環境を整えてあげることも大切だと思います」

来日したばかりのキャンプで付き添い、悩みを聞く。夏になれば、多くの外国人選手は翌年の契約を気にし始める。日本人選手よりもシビアに判断されるからだ。そのときも牛込氏は、球団と選手の間に入って力を尽くしていた。

牛込氏の仕事は、決して外国人選手をスカウトするだけではなかった。

「私にとって助っ人外国人というのは自分の人生をともに築いてくれた人たちだと思います。彼らがいなかったら、スカウトとしての私はなかったです」

牛込氏は2000年（平成12年）に横浜ベイスターズを退団すると、大リーグアナリストとしてテレビや新聞に登場し、長年蓄えてきた幅広い知識を披露した。

そして2016年（平成28年）4月9日、79歳でこの世を去った。

牛込氏がアメリカ中を歩き回って探してきた外国人選手たちは、マリンブルーのユニフォームに身を包み、横浜スタジアムを大いに沸かせた。横浜大洋ホエールズを彩った外国人選手を振り返ってみよう。

■ミヤーン（Felix Millan）

在籍期間／1978年―80年
内野手／右投右打／1943・8・21生
試325 打1139 安348 本12 点92 盗13 率・306

横浜に移転した1978年（昭和53年）に入団したミヤーンは、バットを水平に寝かせた独特な「ミヤーン打法」で人気を博した。

　※在籍期間は大洋時代も含む

メジャー通算1617安打を放っている大リーガーで、アトランタ・ブレーブスからニューヨーク・メッツに移籍した1973年にはワールドシリーズに「2番セカンド」として出場している。相手はオークランド・アスレチックスで、メッツは最終戦で敗れた。MVPはミスターオクトーバーといわれたアスレチックスのレジー・ジャクソンが獲得している。

大洋がシピンに代わるセカンドを探していたところ、ボイヤーからミヤーンを勧められ、メッツと交渉を始めた。レギュラー選手ではあったが、右鎖骨を折るケガをしたこと、35歳という年齢もあって交渉が成立して来日に至った。

大洋に加入した1年目の1978年（昭和53年）は、満塁ホームランのインパクトが強い。

5月23日の巨人戦（横浜スタジアム）で、巨人・小林繁から左翼スタンドへ1号満塁アーチを放った。押し出し四球など制球に苦しむ小林の甘い初球を逃さなかった。

1979年（昭和54年）には大洋にとって初の首位打者をもたらした。

5月10日の阪神戦（横浜スタジアム）に5打数1安打で16試合連続ヒットにすると、規定打席に到達。打率4割8分5厘でセ・リーグ打撃成績のトップに名前が載った。

「うれしいね。5回打席が回れば（規定打席に）足りるのは知っていたよ。トップに立つのは気持ちがいい」

酒を飲まないミヤーンは、横浜スタジアムに近いディスコでトマトジュースを飲みながら踊って気分転換をしていた。ディスコでのダンスは野球にもつながっていたという。

「体でリズムをとるのは、野球でボールに対するときと共通している。それと守備も打撃も腰を自由に使うことは、ダンスの腰の動かし方に似ているんだ」

連続ヒットは16試合で途切れたが、高打率を維持し、打率3割4分6厘で、大洋球団にとって初となる首位打者に輝いた。

36歳での首位打者は、巨人のウォーレン・クロマティ（1989年）、楽天のリック（2008年）と並ぶNPBで最高年齢記録として残っている。

首位打者のタイトルを手にしたミヤーンは「僕の日本でのリーディングヒッターを一番喜んでくれたのはジュニア（息子）だ。無事にプエルトリコに着いて、疲れが取れ次第、ウィンターリーグに戻って、さらに技術向上を目指したい」と話した。

オフにはウィンターリーグで兼任監督を務めていたのだった。

名前が猫の鳴き声に似ているところから、「キャット」というニックネームもあった。

■マーチン（Gene Martin）

在籍期間／1979年
外野手／右投左打／1947・1・12生
試125　打417　安106　本28　点83　盗0　率・254

1974年（昭和49年）に中日に入団すると、1年目から35本塁打を放ち、巨人のV10を阻止する優勝の原動力になった。

1試合3ホーマーが通算3回あり、1976年（昭和51年）には40本塁打をマークするなど中日での5年間で30本塁打以上が4回。1977年（昭和52年）限りで中日・与那嶺要監督が退任すると、1979年（昭和54年）から大洋に移籍した。

6月8日のヤクルト戦（神宮球場）で2打席連続ホームランを放った。2回に先制

11号ソロ、３回に12号３ランと連発し、５回にはダメ押しとなる犠飛で５打点と大当たりだった。

６月23日のヤクルト戦（横浜スタジアム）では14号２ラン、15号満塁弾と連発して６打点を稼いだ。この時点の54打点はリーグトップだった。

マーチンは、チームメートのミヤーンと約束していた。

「セ・リーグで外国人選手のタイトル獲得がないんだって？　じゃあ、国際都市・横浜にふさわしく、俺たちでタイトルを獲ろうじゃないか」

結果的にミヤーンは首位打者を獲得したが、マーチンは83打点のリーグ５位に終わった。打点王のタイトルは１１３打点で広島・山本浩二が獲得した。

９月18日の巨人戦（横浜スタジアム）ではマーチン、山下、田代が、ルーキー江川卓から３者連続ホームランも放った。

「キャット（ミヤーン）といつも、あのマネーボーイ（大金を手に入れてプロ入りした）の江川を打ち崩そうと話し合っていたんだ。これまで８打数ノーヒットとやられていた。ミヤーンが先に三塁打を打っていたから俺も燃えていた」

この年、期待通りに28本塁打を放ったが、１年で退団した。

■ジェームス（Skip James）

在籍期間／1980年
外野手／左投左打／1949・10・21生
試111 打368 安99 本21 点57 盗2 率・269

1980年、球団初となる海外キャンプだった米国アリゾナ州メサで、マイナーで同僚だった元巨人の小川邦和の紹介で入団テストを受け、合格した。

「俺の自慢は選球眼のいいところで、スマートな打者、走者だ。大きい当たりは期待しないでくれ」

そう言っていたジェームスだが、来日1号ホームランが大きな仕事になった。

この年の4月5日、巨人との開幕戦（横浜スタジアム）では、2対3と1点を追う9回裏、巨人・江川卓から同点ホームランを放った。

巨人ロイ・ホワイトが2ホーマーを放っており、ジェームスは「ホワイトのホームランを目の前で見せられ、俺も負けたくないという気持ちになっていた」

この後、福嶋久晃にサヨナラヒットが出て開幕勝利を飾った。

翌6日の第2戦には決勝ホームランが飛び出した。3対3で迎えた6回裏二死、加藤初から右翼スタンドへの1発。さらに8回裏にもタイムリーヒットを放ち、2安打2打点と活躍し、開幕連勝に貢献した。

4月11日の阪神戦（甲子園球場）では2本塁打5打点。土井淳監督はバッティングだけでなく「外国人で彼ぐらいチームのためを考えている選手は珍しい」と称えていた。誰よりも早く球場入りして走り込み、この前夜には生まれて初めて刺し身を食べ「日本の食事はうまい。日本文化は素晴らしい」と喜ぶなど、球場内外で日本に対応しようと努力していた。

6月18日のヤクルト戦（横浜スタジアム）ではサヨナラホームランを放った。1対1で迎えた9回裏、ミヤーンの内野安打からチャンスをつくり、ジェームスが右中間スタンドへの7号3ランで決めた。

7月29日の巨人戦（後楽園球場）ではランニングホームランを放った。同点の8回二死、ジェームスが放った打球はセンターフライかと思われたが、巨人の中堅ホワイト、左翼の淡口憲治が激突。ボールは人工芝に大きく弾んでフェンスまで転がっていった。

この間にジェームスは一塁、二塁、そして三塁も回り、決勝のホームを踏んだ。111試合に出場し、打率2割6分9厘、21本塁打、57打点の成績を残し、球団は翌年も契約を希望したが、ジェームスは代理人交渉や年俸倍増を希望し、契約交渉を打ち切り。1年限りの在籍となった。

経営学と体育学の教員免許を持っており、オフには臨時講師として教壇に立つインテリでもあった。

また、宝物は大リーグ時代、シンシナティ・レッズ戦で決勝打を放った際のボールだと話していた。レッズのピート・ローズがこっそりと持ってきて、ジェームスにくれたのだという。

■ラコック（Pete LaCock）

在籍期間／1981年

内野手／左投左打／1952・1・17生

試90　打300　安82　本10　点36　盗0　率・273

来日前年の1980年秋はロイヤルズの控え一塁手としてワールドシリーズにも出場した。

松原誠が抜けた穴を埋めるべく、1981年（昭和56年）に加入したが、期待通りの活躍とはいかなかった。

開幕当初は3番として起用され、4月11日のヤクルト戦（神宮球場）では1号ソロ、2号ソロと続けざまにホームランを放ち、チームの大勝に貢献した。しかし、成績は上がっていかず、打順は下位に落ちていった。

それでも7月20日の広島戦（横浜スタジアム）では、8号ソロ、9号ソロと2ホーマーを放ち、チームの連敗を7で止めた。ラコックには6月6日以来、44日ぶりのホームランだった。

前日19日に障がいを持つ人と家族100人が横浜スタジアムに招待され、ラコックはそこにいた1人の少女と「ホームランを打ってあげるよ」と約束していただけに「これで少女との約束を果たせた。1日遅れだったけど、ホッとしている」と話していた。

成績は打率2割7分3厘、10本塁打、36打点と物足りない。

さらにプライドが高い上に、同僚や球団職員への不満をたびたび口にするなど周囲からの評判が悪く、同年限りで解雇された。以降、大洋の外国人選手は性格の調査も重視するようになった。

■ラム（Mike Lum）

在籍期間／1982年
外野手／左投左打／1945・10・27生
試117 打450 安121 本12 点46 盗2 率・269

1979年（昭和54年）、新球団の西武ライオンズ入りが内定したことがあった。推定年俸で約2億円という好条件を提示されていたが、最終的にはそれを断って古巣のアトランタ・ブレーブスに入団した。

このときラムは、その理由を表明している。

「日本のプロ野球入りをすれば、むろん金にはなる。ブレーブスのような最下位球団でプレーすることはないと人は言うが、私は家族がいるアトランタに住んでブレーブスで試合をしたい。オーナーもよく知っており、友人もたくさんいる。ブレーブスこそ私にとって最も適した球団だと思っている」

ブレーブスに戻って3年目の1981年途中にシカゴ・カブスへ移籍し、その翌年の1982年（昭和57年）に横浜大洋ホエールズに入団した。

米国人の父、日本人の母との間でハワイに生まれ、中国系米国人夫婦の養子となった経歴を持つ。ブレーブス、レッズ、カブスで実働15年。大洋に入団したときは36歳とあって全盛期を過ぎており、成績は打率2割6分9厘、12本塁打、46打点に終わったが、それでも印象に残る活躍はしている。

1982年4月10日の広島戦（広島市民球場）、8回裏に逆転を許し、1点を追う9回表に逆転タイムリーを放った。

さらに4月28日の広島戦（横浜スタジアム）では0対1の9回裏二死から2号ソロを右翼スタンドに放り込み、土壇場で同点に追い付いた。勝ち越しはならず、延長11回の末に時間切れ引き分けになったが、直近5試合で2敗3分と調子が下降ぎみのチームにとって大きな一発だった。

翌29日には、ルーキー津田恒実から3号ソロ。さらに休養日を挟んで5月1日のヤクルト戦（横浜スタジアム）でも3試合連発となる4号ソロを放ち、1対0で遠藤の完封を援護した。チームトップとなる3つ目の勝利打点でもあった。

ラムは4月20日の阪神戦（岡山）で右ふくらはぎを痛め、4試合を欠場した後、患部にテーピングを巻いて出場していた。関根監督が「若くないし、もう少し休めと言ったんだが、出るといって聞かないんだ。大したものです」と言えば、ラムは「体調は悪くないし、チームが勝つためにみんなで戦っているんだ」と意気込んでいた。

シーズン終盤の10月9日には、巨人・江川卓から勝ち越しの12号ソロを放った。1点を追う4回裏一死から田代富雄の26号ソロに続く連弾だった。

チーム順位は5位と振るわぬシーズンだったが、江川KOに塩谷球団社長は大喜びだった。

「7日の朝、ラムと田代がホームランを打つ夢を見たのだが、その通りになりました」

契約更新はならず、大洋でのプレーは1年間だけだった。引退後はメジャーで打撃コーチを歴任した。

■ピータース（James Peters）

在籍期間／1981年―82年
外野手／左投左打／1953・9・30生
試137　打327　安86　本16　点43　盗8　率・263

メジャー経験はなかったが、俊足と強肩を売り物に1981年（昭和56年）に横浜大洋ホエールズに入団した。

デビュー戦となった4月7日の巨人戦（横浜スタジアム）では、第1打席で江川卓から来日初安打を放った。

4月9日の同戦では新浦壽夫から初ホームランを放ち、勝利に貢献した。

この試合、2年前にテストを受けて入団した前泊哲明がプロ初勝利を挙げた。沖縄・西表島の出身で、興南高から社会人野球を経験した後、帰郷して家業を手伝っていたが、野球やりたさに島を飛び出してプロに挑戦していた。

この試合、前泊は不思議なコメントを残している。

「確か4回表、マウンドで10円玉を見つけたんです。試合中にお金を拾うなんて珍しいでしょう。これで勝てると思いました」

前泊の勝ち星はこの年にマークした2勝だけで、ピータースの援護は大きかったといえる。

さて、ピータースは8月6日の阪神戦（横浜スタジアム）で代打満塁ホームランを放った。0対4で迎えた4回裏、屋鋪要の代打で登場し、同点となる13号ホームランを右翼スタンドに運んだ。

これで先発して3回4失点でKOされた前泊の負けを消したのだが、リリーフした斉藤明雄が4失点するなどで、試合は6対10で敗れた。

1年目は規定打席に届かなかったものの、打率2割7分3厘、15本塁打、40打点の成績を残した。

2年目の1982年（昭和57年）は、マイク・ラムとマーク・ブダスカが入団したため、外国人枠から二軍暮らしとなる。左腕を生かして投手にも挑戦して話題を呼んだが、一軍での登板はなかった。

■レオン（Leon Lee）

在籍期間／1983年―85年
内野手／右投右打／1952・12・4生
試386 打1414 安430 本82 点292 盗13 率・304

実兄のレロン・リーから1年遅れて1978年（昭和53年）にロッテに入団し、1981年（昭和56年）まで4年連続で打率3割をマーク。1980年（昭和55年）には41本塁打、116打点と、落合博満とともにロッテの主軸として活躍した。落合が初の三冠王となった1982年（昭和57年）のオフ、控え内野手の斉藤巧との交換トレードで大洋に移籍した。

移籍初年度の1983年（昭和58年）6月9日には巨人戦（横浜スタジアム）で、5年ぶりとなる地元横浜での3連戦3連勝へ導いた。

6回裏のダメ押し3ランは、センターバックスクリーンの真上にある広告塔を直撃して壊してしまった。推定140メートルの特大弾に「低めのストレートをパーフェクトに打てた。手ごたえは最高だった」と振り返り、関根監督は「あいつの打球はえげつない」と驚きの言葉を発した。

チームは5連勝で、巨人戦は4連勝。横浜スタジアムでの巨人戦で3連戦3連勝するのは、横浜に移転した1978年（昭和53年）5月23、24、25日以来のことだった。レオンは8月19日の巨人戦（横浜スタジアム）でも、江川から逆転3ランを放つ。0対1の1回裏に右翼スタンド中段へ21号3ランをたたきこみ、先発マウンドに上がった遠藤の完投を援護した。レオンはこの年、打率2割8分8厘、30本塁打、98打点と、中軸としての役割を果たした。

2年目の1984年（昭和59年）は130試合にフル出場して、打率3割2分1厘、21本塁打、84打点の成績を残した。

3年目の1985年（昭和60年）はさらに強いインパクトを残した。

8月10日の広島戦（広島市民球場）で19号満塁ホームラン、20号2ラン、21号3ランと、3本塁打を放ち、セ・リーグ記録となる1試合10打点を挙げた。19号は通算200号のメモリアルアーチでもあった。

「25歳で日本に来て以来、何か記録を残したかったが、今日それができた」

レオンはこの3日前からメガネをかけて試合に臨んでいた。この年の5月11日にチームメートの田代富雄がメガネをかけて試合に臨み、ホームランを含む2打点と成功していた。


レオンは来日前、カージナルス傘下のマイナーに所属していたが、大リーグでプレーはできなかった。

「当時、捕手の練習生として籍を置いていたが、とても大リーグへ上がれそうになかった。それなら日本に来て、カージナルスにこれだけやれるということを見せたかったんだ」

この年も打率3割3厘、31本塁打、110打点という好成績を残したにもかかわらず、「チャンスに弱い」という理由で自由契約となり、翌年からヤクルトへ移った。

引退後の2003年（平成15年）にはオリックスの打撃コーチに就任。20試合を終えて7勝12敗1分と負け込むと、球団は石毛宏典監督を解任し、レオンが昇格したが、最下位に終わった。

翌年もコーチ契約を結んだものの、キャンプイン直前に「家族の事情」を理由に退団した。

■トレーシー（Jim Tracy）

在籍期間／１９８３年―84年
外野手／右投左打／１９５５・12・31生
試１２８　打４７８　安１４４　本20　点68　盗３　率・３０１

メジャーでは実働２年で87試合出場と一流選手ではなかったが、１９８３年に来日すると、真面目な左打ちの外野手として安打を量産し、打率３割３厘、19本塁打、４番レオン・リーとの３、４番コンビは破壊力を発揮した。

しかし、翌１９８４年（昭和59年）の開幕早々に問題が起きた。

４月８日のヤクルト戦（横浜スタジアム）、３対３の６回裏二死からトレーシーが四球で出塁すると、関根監督は代走に西村博巳を送った。「トレーシーはキャンプ中に痛めた右膝が完治していない状態」というのが、関根監督の言い分だった。

だが、トレーシーはベンチに戻ると、バットを蹴飛ばし、関根監督の采配をなじった。さらに翌9日からの大阪遠征に無断で参加しなかった。トレーシーの言い分は「自分を全試合にフル出場させなければ辞める」というものだった。

実は伏線があった。

2日前となる6日の開幕戦（横浜スタジアム）。4回にヤクルトのスミスがセカンドの頭上を越える打球を放った。セカンドの基満男がバックし、ライトのトレーシーも前進したが、打球はその間に落ちるヒットになった。関根監督はこれをトレーシーの怠慢プレーとみて、試合後に「敗因の1つ」と断じていた。

翌7日の第2戦の初回、トレーシーは右翼スタンドへ1号2ランを放っている。だが、大洋は3対5で敗れた。3対3の同点6回一死二、三塁で西村がスクイズをしたものの、三塁走者のトレーシーがタッチアウトになった。試合後、関根監督は「走者を代えるべきだった」と悔やむコメントを残している。

連敗で迎えた第3戦。トレーシーは前日のホームランで気を良くしていたが、関根監督は彼の足に不安を感じていた。お互いの認識の差が、代走でのトラブルにつながってしまった。

遠征から戻った関根監督は球団事務所でトレーシーと向き合ったが、「監督としては調子のいい選手を起用し、調子の悪い選手は外す。フル出場は保証できない」と一歩も譲らなかった。

話は平行線をたどり、トレーシーは退団することになった。トレーシーは球団を通じて「この行動は私のハートに従って決断したことで、やむを得ない」というコメントを発表した。

チームメートから「トレちゃん」と呼ばれ、親しまれていたトレーシーの途中退団は、チームにとって痛い限りだった。この年、最下位に沈んだ一因といっていいだろう。

トレーシーは帰国後、アメリカで指導者に転じ、コーチを経てドジャース、パイレーツ、ロッキーズで監督を務めた。ドジャース時代の2004年、ロッキーズ時代の2009年にはポストシーズンゲームにも進出し、2009年には最優秀監督にも選出されている。

日本での経験、関根監督とのトラブルも、指導者としては大きなプラスになったのではないだろうか。

■ホワイト（Jerry White）

在籍期間／1985年
外野手／右投両打／1952・8・23生
試88 打308 安81 本10 点45 盗11 率・263

メジャー時代はレギュラーに定着できず、エクスポズでは、のちに巨人入りするウォーレン・クロマティの控え外野手だった。1984年（昭和59年）に西武へ入団（当時の登録名はジェリー）。打率2割4分3厘ながら27本塁打と活躍するが、西武はスティーブに加え、台湾の郭泰源と契約したため、1985年（昭和60年）に金銭トレードで大洋に移籍した。

6月11日の中日戦（横浜スタジアム）ではサヨナラヒットを放った。4対4で迎えた延長10回裏一死満塁、ホワイトがセンターフェンスを直撃する打球で勝負を決めた。中日戦は1分を挟んで4連敗中で、4月18日以来の白星だった。

「打ったボールは、フォークかストレートかも覚えていない。サヨナラヒットは日本に来て2度目だよ」

西武時代の1984年(昭和59年)5月2日の日本ハム戦(後楽園球場)でサヨナラ本塁打を放っていた。


ホワイトは不調のときでも、映画『男はつらいよ』の寅さんのマネをしてチームメートを笑わせていた。実は日本でスーツを作ったところ、サイズが大きすぎ、ダブルだったことから、周囲に「寅さん、そっくり」と言われていたのだった。

6月20日の巨人戦(横浜スタジアム)ではサヨナラホームランを放った。2対2で迎えた延長10回裏、この日のスタメンで唯一ノーヒットだったホワイトは、槙原寛己が投じた153キロのストレートを大洋ファンが陣取る右翼スタンドへ運んだ。

「打席に入ったときも、俺1人、ヒットを打っていないことに気がついていなかったよ。今日はランナーを置いてさっぱり打てなかったからイライラしていたんだ」

多くの外国人選手が敬遠する納豆を気に入り、遠征先でホテルのメニューにないと、特別に用意してもらうほどだった。部屋も「畳でもＯＫ」と、柔軟な姿勢で日本になじんでいた。

この年に生まれた長男には「ジャスティン・コージ・ホワイト」という名を付けた。「ミドルネームのコージは、日本に来て初めて住んだ麹町、そして尊敬する山本浩二（広島）のコージだ」

このシーズンは打率２割６分３厘、10本塁打、45打点と物足りなく、１年限りで退団になった。

■ポンセ（Carlos Ponce）

在籍期間／１９８６年―90年
外野手／右投右打／１９５９・２・７生
試５３３　打２０２７　安６０１　本１１９　点３８９　盗44　率・２９６

来日したのは１９８６年（昭和61年）。

この前年9月、任天堂からゲーム『スーパーマリオブラザーズ』が発売され、人気を博していた。口ひげを生やすポンセは、その登場人物のマリオに似ていると話題になった。

プエルトリコ出身で、1985年（昭和60年）にミルウォーキー・ブルワーズで大リーグデビューを果たしたものの、翌年にメジャー40人枠から外れたところで大洋球団の牛込惟浩氏から声をかけられ、入団が決まった。

牛込氏は2年前に3Aでプレーするポンセを見て魅力を感じていたが、このときに交渉はまとまらなかった。その後も機会をうかがっていたのだという。

ポンセはデビュー戦でいきなり5打点と活躍する。4月4日の阪神との開幕戦（横浜スタジアム）に1号2ラン、2号ソロを含む3安打を放った。

シーズン途中からは4番を任され、スーパーカートリオの後ろを打って打点を稼いだ。この年は打率3割2分2厘、27本塁打、105打点。阪神・ランディ・バースが三冠王となったため、タイトル獲得には至らなかったが、十分すぎるほどの活躍を見せた。問題は守備で、本来は外野手だったが、マイナーで一時期守っていたサードを任されたところ27失策。翌年からは外野へ配置転換された。

勝負強いバッティングはもちろん、熱心にトレーニングに打ち込む姿、陽気な性格がチームメートからもファンからも愛された。「ポンちゃん」の愛称で呼ぶ選手もいた。

翌年から体を起こし、グリップの位置を上げるフォームに変えると、より飛距離が伸びた。その結果、2年目は打率3割2分3厘、35本塁打、そして98打点で打点王のタイトル獲得にも成功した。

ポンセはいつも言っていた。

「日本の野球をなめるなんて、とんでもない。僕はアメリカにいたとき、いつもハンバーガーやフライドチキンなどを食べてきたけど、日本に来たおかげでステーキを食べられるようになった。昔はメジャーリーグで有名になることを夢見ていたけど、今は日本でメジャーになりたいと思っている」

結果を残しても、監督やコーチからのアドバイスにも耳を傾けた。

「自分がベストと思ってやっていても、周囲から見ればチグハグなこともあるんだ。だから、人の目というのはすごく大事なんだよ」

3年目の1988年（昭和63年）にはオールスターに初出場すると、33本で本塁打王のタイトルも獲得。さらに102打点で2年連続の打点王と、低迷するチームの中で孤軍奮闘した。

視力の問題もあって力が衰えていき、1990年(平成2年)限りで退団となった。

■パチョレック(Jim Paciorek)

在籍期間/1988年―91年
外野手/右投右打/1960・6・7生
試495 打1901 安619 本57 点307 盗11 率・326

パチョレックは1988年(昭和63年)、古葉監督の2年目に来日した。ところが、来日直後、パチョレックのバットから快音が聞かれない。バッティング練習を見た古葉監督が、思わず「こりゃダメだ。とても使えない」と嘆いたほどだった。

しかし、4月8日の中日との開幕戦(ナゴヤ球場)、4回に中日・小松辰雄から先制ホームランを放った。これが勝利打点となり、大洋は勝利を飾った。これを機に、パチョレックは安定したバッティングを見せ、この年、打率はリーグ２位の３割３分２厘、安打数は同１位の１６５安打と好成績を残した。

打率は、最後まで広島・正田耕三と首位打者を争ったが、シーズン終盤になると正田はタイトルのため出場を控えるようになった。10月９日の中日戦に代打で出て、左前打を放ち、打率３割４分に乗せると、残り７試合は打席に立たなかった。

一方のパチョレックは、広島と最後の直接対決となる12日のダブルヘッダーで、２試合とも４打数無安打に終わり、打率を３割２分６厘まで下げた。タイトルの行方は決したようなものだった。

だが、パチョレックは最後まであきらめず、次戦から5試合連続で４打数２安打を放ってみせた。最終的には打率３割３分２厘と、正田に及ばずタイトルには届かなかった。パチョレックは、正田が最後まで出なかったことに「信じられない」と悔しがっていたという。

外野手のベストナインにも輝く活躍は、チームにとって大きかった。シーズン後、古葉監督が、パチョレックを獲得してきた渉外担当の牛込氏に向かって「パチョレックがいなかったら、4位も危なかった」と声をかけた。キャンプの酷評から一転、高評価に変わっていた。

翌1989年（平成元年）も、打率3割3分3厘でリーグ2位の成績を残した。巨人・ウォーレン・クロマティが、96試合まで打率4割を守る猛打ぶりを見せた。3割7分8厘まで下がったが、パチョレックにとっては競うことすらできない大差をつけられた。

念願の首位打者は1990年(平成2年)にようやく手にする。この年はチームメートの高木豊とタイトルを争った。

パチョレックが3割2分7厘、高木が3割2分1厘で迎えた10月13日のシーズン最終戦。パチョレックは4回に代打で出場して三ゴロに倒れ、打率を3割2分6厘とした。一方の高木は3番セカンドでフル出場し、4打数2安打で3割2分3厘に終わり、パチョレックが僅差でタイトルを手にした。

パチョレックは、消化試合に入っても帰国せず試合に出場し続けた。それはタイトルのためではなく、チームのAクラス入りがかかっていたからだった。

全試合に出場して首位打者を確定させたパチョレックが言った。

「チームがAクラスに入れたのが一番うれしい。タイトルはボーナスみたいなもの。高木かどちらか、大洋が獲れればいいと思っていた」

翌1991年（平成3年）はシーズン序盤に苦しみ、8月を終えた時点で打率2割7分2厘と苦しんでいた。

しかし、9月に月間打率5割という驚異的な活躍を見せる。

9月1日のヤクルト戦（下関）で5打数4安打2打点の活躍で幕を開けると、この月だけで80打数40安打。シーズン打率も3割1分5厘と上げ、リーグ7位に入っていた。

結局この年は打率3割1分のリーグ5位という成績を残した。4年間の安定度は抜群なのだが、球団は新たに獲得するラリー・シーツを優先し、パチョレックは金銭トレードで阪神へ移籍となった。

理由は「長打力がないこと」。

阪神に移籍した1992年（平成4年）は、その長打力を見せつけ、来日最多の22本塁打をマークした。

1993年（平成5年）は、郭李建夫が加入したため、パチョレック、オマリー、郭李のうち2人しか試合に出場できない状況になった。パチョレックは不調もあって、この年限りで退団し、アメリカへ帰った。

なお、翌1994年（平成6年）からは外国人選手3人が試合に出場できるよう変更された。フリーエージェント（FA）制の導入により、主力選手が移籍した際の穴埋めができるようにしたというわけだ。

■レイノルズ（R.J.Reynolds）

在籍期間／1991年─92年
外野手／右投両打／1960・4・19生
試231　打895　安254　本34　点146　盗29　率・284

俊足のアベレージヒッターで、メジャー通算8年間で109盗塁。1990年（平成2年）秋の日米野球で全米オールスターの一員として来日すると、翌1991年（平成3年）に横浜大洋ホエールズに入団した。

4月6日の阪神との開幕戦（横浜スタジアム）でいきなり4安打と活躍した。5回にはライト前ヒットで出塁すると、二塁へヘッドスライディングして盗塁を決めた。迫力ある走塁もレイノルズの大きな魅力だった。

この年には11打数連続安打の日本記録もつくった。

①左安打（8月1日中日戦、今中）
②左二塁打（同）
③中安打（2日ヤクルト戦、西村）
④中安打（同）
⑤中二塁打（同）
⑥左安打（同）
⑦中二塁打（3日ヤクルト戦、川崎）
⑧右安打（同）
⑨左安打（同）
⑩左安打（4日ヤクルト戦、宮本）
⑪左本塁打（同）

レイノルズは「自分の記録も大事だが、チームが勝てればそれに越したことはないよ」と冷静に話した。なお、次の打席で三ゴロに倒れて記録は止まったが、さらに次の打席では中安打を放っている。

この年は打率3割1分6厘、15本塁打、80打点、17盗塁の数字を残した。

2年目、横浜大洋ホエールズにとって最後のシーズンとなる1992年（平成4年）も開幕戦で4安打を放った。

4月4日の中日戦（ナゴヤ球場）で1号2ラン、二塁打、シングル2本と4打数4安打2打点と打ちまくったが、試合は4対6で敗れた。

6月25日の阪神戦（横浜スタジアム）ではサヨナラヒットを放った。0対0で迎えた延長14回裏、一死から3安打で一死満塁のチャンスをつくると、レイノルズがライト前へヒットを放ち勝負を決めた。

レイノルズは前日24日の同カードで阪神・仲田幸司に4打数無安打に抑えられ、試合後のロッカールームに1人残って瞑想をし、車も球場に置いたまま徒歩で帰った。「スランプでもあったし、ただボールをとらえることだけを考えた」。打席ではバットを短く持つなど工夫して、チームの連敗を2で止めた。

この年は打率2割4分8厘、19本塁打、66打点と数字を落とし、翌1993年（平成5年）からは近鉄に移籍し、「いてまえ打線」の中でブライアントや石井浩郎に続く5番打者を任された。

また、ストッキングをユニフォームのズボンで隠す着こなしを日本球界で初めて流行させた。

■シーツ（Larry Sheets）

在籍期間／1992年
外野手／右投左打／1959・12・6生
試131 打487 安150 本26 点100 盗1 率・308

1984年（昭和59年）ボルティモア・オリオールズの一員として日米野球で来日し、14試合でカル・リプケンと並ぶ4ホームランを放つなど存在感を見せつけた。

この年に大リーグデビューしたばかりで16打数7安打1本塁打と、まだレギュラーに定着していなかった。日米野球での活躍が飛躍の契機になったといっていい。

1985年に113試合と出場機会が増え、1987年には打率3割1分6厘、31本塁打、94打点の成績を残した。1990年までメジャーでプレーしたが、契約でもめたため、1991年にイタリアのリーグにいたところを横浜大洋が契約した。須藤豊監督が本塁打を打てる長距離砲を望んだもので、この年限りで引退したスラッガー田代富雄が着けていた背番号26を託された。

期待の初ホームランは4月16日の阪神戦（甲子園球場）。1回表一死一、二塁のチャンスで打席に入ったシーツは、ファウルフライを打ち上げてしまう。これをキャッチャーの山田勝彦と、サードのトーマス・オマリーが衝突して捕球できなかった。

これに救われたシーツは先制3ランを放った。

「やっと1本出て本当にうれしかった。相手のキャッチャーに感謝したい」

チームは開幕から4連敗をし、1勝してから再び4連敗を喫して2勝8敗の単独最下位に沈んでいた。シーツの打撃はチーム浮上のためにも期待が大きかった。

しかし、かみ合わない。4月23日の阪神戦（横浜スタジアム）では2打席連続ホームランを放つも、チームは4対9で敗れた。

5月に入ると須藤監督が休養し、江尻亮監督代行が就任したが、チーム状態は上がっていかない。5月24日の広島戦（横浜スタジアム）ではレイノルズ、シーツが連続ホームランを放って追い上げるも、1点届かずに5対6で負けた。

シーツの打点は増えていき、オールスターゲームにも出場した。阪神に移籍したパチョレックと競いながら打点を100点まで増やし、打点王のタイトルを獲得した。

打率3割8厘、26本塁打と十分な活躍といえたが、シーツが大リーグへの復帰を希望したため、1年限りで退団となった。

翌1993年はマリナーズに所属したが、17打数で2安打を放っただけだった。

第６章　愛すべきクジラたち

横浜大洋ホエールズには魅力ある選手がたくさんいた。

15年間でAクラスはわずか3回。毎年のように下位に沈み、「横浜大洋銀行」などと不名誉な呼ばれ方もした。

しかし、多くのファンが横浜スタジアムを訪れ、大きな歓声を送った。勝敗を超えた魅力を作り上げたのは、それぞれの選手たちの輝きにほかならない。そんな「愛すべきクジラたち」を紹介する。

■**松原 誠**
在籍期間／1962年―80年
内野手、外野手、捕手／右投右打／1944・1・13生
試362 安367 本40 点206 盗10 率・290
通算／試2190 安2095 本331 点1180 盗82 率・276

1970年代のチームリーダーである。

※在籍期間は大洋時代、横浜時代も含む。
成績は1978年〜1992年の期間と通算成績

川崎球場時代の１９７６年（昭和51年）６月１日から２日にかけての阪神戦は、２日間で４打数連続ホームランを放った。

１日は左飛、右飛に倒れた後の第３打席で11号２ランを左翼スタンドへ、さらに第４打席でも12号ソロをライトスタンドへ運んだ。

翌２日は第１打席に右翼スタンドへ先制13号、第２打席に14号２ランを左翼スタンドへ。続く第３打席は敬遠、第４打席が右翼フライに終わって記録は途切れた。

記者席では無念の声がもれたが、松原はまったく意識していなかったという。

「連続？　ああ、そうか。きのう２本打っているもんね。意識していれば、もっと思い切って振ったのに。ちっとも知らなかったなあ」

横浜に移転した１９７８年（昭和53年）も４番打者として活躍した。

７月６日のヤクルト戦で史上11人目、大洋の選手としては初となる３００本塁打を達成。この年に記録した１６４安打、45本の二塁打はいずれもリーグ最多だった。

１９８０年（昭和55年）４月23日には横浜スタジアムで通算２０００安打を達成した。王手をかけた阪神戦、第１打席に左翼席へライナーで突き刺さる逆転の１号３ランで決めた。史上初となるホームランでの到達だった。

「月並みですが、丈夫な体に生んでくれたおふくろのおかげです」

松原が小学3年の頃に父と死別し、母に女手一つで育ててもらった。プロに入ってからも、湿気を防ぐためにバットケースを手作りしてくれたという。

3日後の同26日の中日戦（横浜スタジアム）では逆転満塁ホームランを放った。3点を追う3回裏無死満塁、中日・都裕次郎のストレートをレフトスタンドへ運んだ。

8月から代打に甘んじるようになるが、そこで再び光が当たる。8月14日から10月12日にかけ、代打として7打数連続ヒットという日本新記録を達成した。1四球を挟んでいるため、8打席連続出塁もまた記録だった。

記録達成はやはりホームランで決めた。10月12日の広島戦（横浜スタジアム）の8回裏一死一、二塁、江夏豊から逆転の11号3ランを放った。

「これまでやってきた意地があるからね。それなら与えられたところで、いいところを見せようと踏ん張ってきたよ。2000安打といい、顔が地味なわりに派手な記録をつくるよね」

そう言って笑わせた。

4日前に左足甲に自打球を当て、打撲のため靴も履けない状態だった。

「試合前、江尻さんにバットは振れるけど、走れませんよと言ってベンチに入れてもらったんです。そしたらこれでしょう。野球はやめられんよ」

翌1981年（昭和56年）は古賀正明との交換トレードで巨人に移籍。リーグ優勝、日本シリーズを経験した。日本シリーズでは第1戦の9回表に代打で登場し、日本ハム・江夏豊からホームランを放った。

この年限りで引退した後、関根監督時代の横浜大洋ホエールズ、巨人、広島などでコーチを務めた。

さらに長く同僚としてプレーした山下大輔監督の2年目、2004年（平成16年）は横浜ベイスターズでコーチを務めた。

■野村 収

在籍期間／1969年―71年、78年―82年
投手／右投右打／1946・8・9生

試173勝47敗53S4防4・53

通算／試579　勝121敗132S8　防4・02

1968年（昭和43年）秋のドラフトで大洋に1位指名されて入団した。

1年目は1試合に登板したのみ。2年目の1970年（昭和45年）には主にリリーフとして28試合に登板した。

7月13日の巨人戦（後楽園球場）では1対0とリードして迎えた9回裏、エラーが重なり、最後は野村が暴投してサヨナラ負けを喫した。10月26日のヤクルト戦（川崎球場）に先発して9回を6安打1失点に抑え、プロ初勝利を挙げた。1971年（昭和46年）には13回の先発も含めて35試合に登板して4勝3敗と、期待ほどの活躍はできなかった。この年のオフ、江藤慎一とのトレードでロッテへ移籍した。

この移籍が飛躍への大きな契機になる。1972年（昭和47年）に14勝10敗。初の規定投球回に達し、オールスターにも初選出された。さらに日本ハム移籍後の1975年（昭和48年）にはリーグトップの勝率・786をマークし、最高勝率のタイトルを獲得した。

大洋が横浜に移転した1978年（昭和53年）、杉山知隆、間柴茂有とのトレードで7年ぶりに古巣へ復帰した。4月9日の阪神戦（甲子園球場）から5連勝。17勝11敗4セーブの好成績で最多勝利のタイトルを獲得し、カムバック賞も受賞した。

100勝到達は難産だった。1981年（昭和56年）、王手をかけてから7度目の挑戦となった6月4日のヤクルト戦（神宮球場）は99勝99敗と、勝ち数と負け数が並んで迎えた。7回に無死満塁のピンチを招くと斉藤明雄にマウンドを託し、ようやく100勝目を挙げた。

王手をかけてから勝てない間、母が死去した。「覚悟はしていたけど、まさかこんなに早く亡くなるなんて」。この日も遺影に手を合わせてから試合に臨んでいたという。

1982年（昭和57年）には珍しい試合で勝利を挙げている。6月18日のヤクルト戦（神宮）、先発した野村は4回先頭の水谷実雄に打たれた内野安打だけの1安打に抑えた。

ホエールズ打線は2回に四球と犠飛で1点を挙げたものの、8回二死まで無安打。

ここで投手の野村がセンター前ヒットを打ったが、この1安打だけだった。つまり両チームとも1安打ずつと、合わせて2安打はセ・リーグ最少安打試合になった。

「相手の鈴木正も3人ずつピシャリと抑えていたし、こっちも同じペースだから、いいテンポで投げられたよ。最後まで1人で投げきるのは、とても気持ちがいいもんだ。野球はやっぱり楽しまなくてはね」

この年は21試合に先発するも、5勝9敗に終わった。同年オフ、加藤博一を獲得する交換要員として阪神へ移籍した。

阪神では1985年（昭和60年）にリーグ優勝を経験し、翌1986年（昭和61年）限りで引退した。

引退後は阪神、横浜大洋、日本ハムなどでコーチを務めた。

■高木由一（好一、嘉一）

在籍期間／1972年―87年
外野手、内野手／左投左打／1949・3・13生
試907　安754　本75　点365　盗18　率・293
通算／試1147　安957　本102　点463　盗24　率・295

神奈川県相模原市の渕野辺高では投手で、卒業後に入った相模原市役所では軟式野球を続けていた。そんなときに同僚から誘われて大洋の入団テストを受けた。肩を痛めていたため投手ではなく一塁手として受験すると、バッティングが別当薫監督と青田昇コーチの目に留まって合格した。

高木由は「テストといっても完全に冷やかし。ちょっと話のタネにと思って行っただけなので、合格といわれても『そんなつもりじゃないんです』という感じでした」。

1カ月ほど悩んだ末、契約金20万円、月給は公務員時代と大差のない金額で契約した。背番号は81。当初はアパート住まいで、銭湯代に困ったこともあったという。

そこからチームの主軸へと駆け上がっていった。

1年目の1972年（昭和47年）から一軍出場を果たした。デビュー戦は9月2日の中日戦（川崎球場）。1番レフトのスタメンで起用され、1回裏の第1打席でレフトへの二塁打を放った。この年は7試合で13打席に立つも、ヒットはこの1本だけだった。翌1973年（昭和48年）には出場機会がなく、1974年（昭和49年）も2打席無安打。1975年（昭和50年）は12試合に出場して6安打を放ったものの、一軍定着とはならなかった。高木由はこの時期が「一番つらかった」と振り返っており、実際に解雇の恐れもあったのだが、クリート・ボイヤーが高木由の能力を見抜き、球団に残留させるよう申し入れていたという。

1976年（昭和51年）には初ホームランが飛び出す。5月12日のヤクルト戦（神宮球場）、6番レフトでスタメン出場し、ヤクルト・渡辺孝博からレフトへ待望の一発を放った。

ボイヤーの背番号6を引き継いだ1977年（昭和52年）はオールスターにも出場した。第2戦（西宮球場）で代打出場して右前打も放った。この年125試合に出場し、投手を打ち込んで、初の規定打席到達で20本塁打、73打点、打率・323。2年連続で球宴にも出場した。続く1978年（昭和53年）が23本塁打、80打点、リーグ5位の打率・326でキャリアハイ。広角に打ち分けたが、時に強振して右翼席へ本塁打を放り込んだ。

1980年（昭和55年）は自己最多の128試合に出場。うち58試合に四番打者として先発している。

5月7日の広島戦（横浜スタジアム）では江夏豊からサヨナラヒットを放った。7回からマウンドに上がった江夏に対し、ホエールズ打線は6者連続の三振を喫した。4対4で迎えた9回裏、山下の左前打と盗塁でチャンスをつくると、高木由は江夏の直球をライトへのヒットとした。

「結果はどうでもいいと開き直っていたのがよかった」

これでチームは5連勝となった。

このシーズンは打率・283にとどまったが、四番打者としては打率・314。9試合連続打点もあり、職人芸の巧打もさることながら、勝負強さも持ち味だった。

引退試合もまた、高木らしかった。若手への切り換えに伴い、シーズン途中で引退となった。

1987年（昭和62年）6月18日の巨人戦（横浜スタジアム）。4回に代打で登場すると、同じテスト入団で球界のエースになった巨人・西本聖からライト前ヒットを放った。カウント1ストライク3ボールからストレートをはじき返し「ぶざまな格好で終わりたくなかった。フォアボールじゃイヤだったので、とにかく振りにいきました」と振り返った。

ロッカールームで同じ姓の高木豊から花束を受け取った高木由は大きな声で言った。「チームがこのままで終わるとは思っていません。みんな、俺の分も頑張ってくれ！」

チームはこのとき、19勝32敗2分の5位。

引退を告げるアナウンスもなく、セレモニーも花束贈呈もなかった。ただ、ライトスタンドに「頑張れ、おとっつぁん、高木由一選手」という横断幕が掲げられていた。

引退後は指導者の道を歩み、38年ぶりの優勝を果たした1998年（平成10年）は一軍打撃コーチ。マシンガン打線の生みの親といわれた。

■田代富雄

在籍期間／1973年―91年
内野手／右投右打／1954・7・9生
試1307 安1115 本235 点758 盗27 率・263
通算／試1526 安1321 本278 点867 盗29 率・266

ヘルメットの右側にホームランの数だけ星のシールを貼る。いわゆる「ホームランスター」を覚えているファンも多いだろう。その代表格がホームランバッターの田代だった。

「あれもね、ファンの方の印象に残っていると言われるんですけど、2、3年の短い期間しかやっていないはずですよ。昔、メジャーのパイレーツで、選手が活躍すると帽子に星のマークを付けていたのを参考にしたんじゃないですかね」

バッティングに波があるのも田代らしさだった。打てないときはさっぱりだが、ホームランが出ると止まらない。

1979年（昭和54年）4月7日のヤクルトとの開幕戦（神宮）で3本塁打。1980年（昭和55年）5月18日のヤクルト戦（静岡）でもサヨナラホームランを含む3本塁打を放っている。

4回に同点の8号ソロ、7回にも同点の9号ソロ。そして3対3の同点で迎えた9回裏二死一塁から、左翼の芝生を越えて場外に消えていく特大のホームランでサヨナラ勝ちを決めた。

「いろんなホームランがあるけど、今日の3本は最高だ。一生忘れないよ」

この年はもう一度、1試合3ホーマーがある。9月20日の中日戦（ナゴヤ球場）に28号、29号、そして30号の大台に乗せた。

川崎時代の1977年（昭和52年）には5試合連続ホームランも放っている。固め打ちは田代の持ち味といっていい。

「あまり深く考えていなかったかな（笑）。このコースを打ったから次はこうじゃないだろうかとか、そういう配球の読みもしないわけじゃないけど……追い込まれるまでは、ストライクゾーンで強く振れるボールをしっかり待つと。ヤマを張っても外れることが多いですから。基本的には真っすぐのタイミングで待って、変化球に対応するという意識でずっと打席に入っていました」

一度も優勝できなかったが、常に前を向いて進んでいたという。

「とにかく一生懸命に生きたという感じですかね。野球でたくさんいい思いをさせてもらっていたので、野球だけは真面目に一生懸命やりました。毎日プレッシャーがかかる中で、結果が良かったり悪かったりの繰り返しですから、酒を飲みながら気分転換もしました。でも、グチの酒ではなかった。明日への活力のために前向きな酒を飲みました」

■基　満男
在籍期間／1979年―84年
内野手／右投右打／1946・11・10生
試533　安479　本50　点244　盗41　率・286
通算／試1914　安1734　本189　点672　盗217　率・273

西鉄ライオンズにテスト入団して、二塁手として活躍する。

1972年（昭和47年）には打率3割1厘、20本塁打、25盗塁をマークし、初のベストナインにも選ばれた。

西武ライオンズの誕生で所沢移転が決まった1978年（昭和53年）オフ、鵜沢達雄、根本隆とのトレードで横浜大洋ホエールズに移籍した。

1979年（昭和54年）5月9日の阪神戦（横浜スタジアム）では、1試合としては最多タイとなる4本の二塁打を放った。この試合、チーム全体でも9本の二塁打を放っており、21対0の大勝だった。

1980年（昭和55年）には唯一のダイヤモンドグラブ賞にも選ばれた。この年は4月9日の広島戦（広島市民球場）、10月23日のヤクルト戦（横浜スタジアム）で満塁ホームランを放つなど存在感を示し、打率3割1分4厘でベストナインも獲得した。

高木豊の台頭とともに出番が減り、1984年（昭和59年）はコーチ補佐を兼任し、同年限りで現役を引退した。

■福嶋久晃

在籍期間／1967年—84年
捕手、内野手／右投右打／1947・4・10生
試637 安373 本57 点210 盗2 率・236
通算／試1254 安702 本107 点370 盗4 率・239

1967年（昭和42年）にドラフト外で入団した。1975年（昭和50年）には正捕手の伊藤勲と併用されて、62試合で先発マスクをかぶり、リーグNO・1の盗塁阻止率をマークした。47回の盗塁を仕掛けられ、26回をアウトにした。盗塁阻止率は5割5分3厘だった。

この年には珍しい試合を経験している。

9月15日の阪神戦（甲子園）は1対1のまま延長戦に入った。延長12回裏の守り。二死三塁で打者・池辺巌への3球目に三塁走者がホームスチールを仕掛けてきた。

捕手の福嶋がホーム前でタッチをしてアウト……と思われたが、判定はホームイン

を認めた。当時の野球規則7・07、現在の6・01（g）〈スクイズプレイまたは本盗の妨害〉が適用されたものだった。

「三塁走者がスクイズプレーまたは盗塁によって得点しようと試みた場合、捕手またはその他の野手がボールを持たないで本塁の上または前方に出るか、あるいは打者または打者のバットに触れたときには、投手にボークを科して、打者はインターフェアによって一塁が与えられる。このときはボールデッドとなる」

つまり球審は、福嶋が捕球前にホーム上に出ていたと判断したわけだ。これによって打者は打撃妨害で出塁、ピッチャーの小谷正勝にボークが科され、三塁走者が生還となった。福嶋は「前へ出るのと捕球とほぼ同時だったと思う。打者はバットも振っていない。それなのに妨害なんですかね」と納得できない様子で振り返っていた。

巨人・江川卓への一撃も印象深い。

1980年（昭和55年）4月5日、巨人との開幕戦（横浜スタジアム）で江川からサヨナラ安打を放った。

2対3と1点を追う9回裏、先頭ジェームスの1号ソロで同点に追い付く。続く田代が、ショート河埜和正の一塁悪送球で出塁した。さらに代走・屋鋪が二盗すると、捕手からの送球を再び河埜がエラー。無死三塁のチャンスに、ここまで3打数無安打の福嶋が、江川の低めストレートをライト前へのサヨナラヒットとした。

「外野へ持っていくことだけを考えていた。完全なへっぴり腰だったけど、うまく打てたなあ」

1982年（昭和57年）5月19日の巨人戦（後楽園球場）では江川卓から2ランを放ち、100本塁打を達成した。

若菜嘉晴の加入で出場機会が減り、一塁での起用が増えた。

1985年（昭和60年）に広島へ移籍し、4月13日には開幕戦の阪神戦（広島市民球場）で山本和行からサヨナラ安打を放った。

この年限りで引退し、広島二軍コーチを経て、1987年（昭和62年）に古葉監督が就任したのを機に3年ぶりに古巣へ復帰し、一軍バッテリーコーチに就任。

1989年（平成元年）には1年目の谷繁元信を指導した。

古葉監督の退任とともにユニフォームを脱いだ。

■若菜嘉晴

在籍期間1983年―88年

捕手／右投右打／1953・12・5生

試534　安421　本24　点135　盗7　率・278

通算／試1387　安1037　本54　点340　盗27　率・267

西鉄、太平洋、クラウンから1979年（昭和54年）、田淵幸一、古沢憲司との大型トレードで竹之内雅史、竹田和史とともに阪神タイガースへ移籍。この年にはダイヤモンドグラブ賞を獲得した。

1982年（昭和57年）限りで阪神を退団。米マイナーで指導したが、1983年（昭和58年）途中に帰国し、関根潤三監督が指揮を執る大洋に入団。レギュラー捕手となった1985年（昭和60年）には全試合に出場し、オールスターにも出た。

古葉竹識監督が就任した1988年（昭和63年）は出場機会が減り、このオフには球団に対し「今のスタッフがいるチームにはいたくない。故郷の福岡へ戻りたい。ダイエーへトレードしてほしい」と直訴した。

さらに契約更改交渉で、チームでも減俸幅が大きい18%ダウンの2500万円を提示され、若菜は「自分でもダウンとは思ったが、これほどとは。俺だけが戦犯になったのではたまらん」とぶち切れた。

最後は、現状維持だった同僚の加藤博一について「俺はあんなにゴマをすれないから」と皮肉まで口にした。

一連の発言が問題になった。

若菜は年明け直後の1989年（昭和64年）1月5日、球団事務所を訪れ、便せん2枚にびっしりと書き込んだ謝罪文を提出した。

「自分の言動がいたらず球団社長をはじめ、チームメート、それからファンの方にご迷惑をかけました。今年、崖っぷちに立ったつもりで頑張ります」

批判した同僚の加藤にも電話をかけて謝罪したと話した。

ひとまず残留となったが、開幕直前の3月31日に日本ハムへの無償トレードが決まった。日本ハムは大洋時代に若菜を起用した近藤貞雄監督が指揮を執っていた。

若菜が去った大洋では、ルーキー谷繁元信の起用へとつながっていく。

■欠端光則

在籍期間／1984年―94年

投手／右投右打／1963・1・10生

試287　勝54敗61S3防4・17

通算／試351　勝57敗71S3　防4・36

岩手・福岡高から1981年（昭和55年）ドラフト3位でロッテに入団した。1位は甲子園の優勝投手である愛甲猛（横浜高）だった。

2年目の1982年（昭和57年）にプロ初勝利を挙げるが、1勝6敗。翌1983年（昭和58年）は2勝。この年のオフに右田一彦、竹之内徹との交換トレードで大洋に移籍すると、先発に定着した。

1985年（昭和60年）は初めて規定投球回に到達。1988年（昭和63年）の11勝、翌1989年（平成元年）の9勝はチーム最多勝利だった。

1988年（昭和63年）には開幕投手も務めている。エースの遠藤一彦が、前年にアキレス腱を断裂するケガを負い、本調子でないこともあって巡ってきたチャンスだった。４月８日の中日戦（ナゴヤ球場）でマウンドに上がった欠端は、９回を４安打１失点で完投勝利を挙げた。失点は２点リードの６回裏に４番・落合博満にタイムリーを浴びたものだった。

「言葉が見当たりません。うれしいです。開幕投手を言われたのは１カ月ほど前。それから変わらずに過ごしてきたけど、今日球場に来たらストライクが入るか心配になった」

その後も先発に、リリーフに奮闘し、投手難で苦しんだ時代を支えた。横浜大洋ホエールズの最終年となる１９９２年はセ・リーグ最多となる55試合に登板した。

３兄弟の長男で、次弟は伊勢ノ海部屋の力士となり、入門当初は「欠端」のしこ名で土俵に上がっていた。末弟は一関商工（現・一関学院）の内野手として甲子園にも出場した。

運動能力の高さは欠端の娘に受け継がれ、ロンドンパラリンピックのゴールドボールで金メダルを獲得している。

球団広報を務めていた２００８年（平成20年）12月15日には、関内駅でホームから転落した女性を救助している。

ＪＲ関内駅の上りホームを歩いていたところ、20代の女性が線路に転落した。欠端は線路に飛び下り、女性を抱きかかえてホームに押し上げると、自身もホームに戻り、非常ベルを押して駅員を呼んだという。

「左右を見たけど電車は来ていなかったので線路に下りました。ちゃんと確かめていたから怖くはありませんでした。無我夢中でやった結果、助かってよかったです」

女性は軽傷で済み、後日、ＪＲ東日本から感謝状が贈られた。

■大門和彦

在籍期間／１９８４年—93年
投手／右投右打／１９６５・５・31生
試２２８　勝36敗51Ｓ３防３・83
通算／試２３３　勝36敗52Ｓ３　防３・86

エース・遠藤一彦に投球フォームが似ており、同じフォークボールを武器にしていることもあって「遠藤二世」として期待された。

1989年（平成元年）、翌1990年（平成2年）にマークした8勝がキャリアハイ。バッティングも得意で、1989年（平成元年）8月27日のヤクルト戦（下関）ではプロ初ホームランを放って、自らの勝ち星を援護した。

遠藤が3回4失点でKOされると2番手で登板し、6回を2失点に抑えた。5対4と1点リードの4回裏の先頭で、川崎憲次郎からレフトスタンドへ放り込んだ。大門は6月17日から2カ月以上、白星から遠ざかっており「ホームランは信じられないっすよ。やっとトンネルを抜け出すことができました」と喜んでいた。

また、1991年（平成3年）5月29日の中日戦（ナゴヤ球場）では4安打3打点を挙げて、勝利打点と勝利投手をともに手にしている。

まずは3回の第1打席でレフト前ヒット。1対1の同点で迎えた4回表一死満塁ではセンター前へ勝ち越しタイムリーを放った。さらに8回の第4打席、9回の第5打席に連続してレフト前ヒットを放つ活躍を見せた。

投げても9回7安打2失点で完投勝利を挙げ「ストレートがあまり走らなかったので、4回から緩い球を中心に使ったのがよかった」と振り返り、4安打のバッティングについては「ピッチングも、バッティング同様に安定したい」と、ジョークを交えて話した。

須藤豊監督は「これで右2枚（中山、大門）、左2枚（野村、岡本透）の4本柱が立ったよ」とうれしそうに語った。

一方の中日・星野仙一監督は「ピッチャーに4安打されるなんて、俺の野球人生で初めて見たわ。出る投手、出る投手がよう打たれたもんだ」と怒り心頭だった。

大門といえば、広島ロデリック・アレンに追いかけられているシーンが印象深い。1990年（平成3年）6月24日、デーゲームで行われた大洋—広島戦。乱闘のきっかけになったのは7回表だった。

捕手の秋元宏作が、ホームに突入してきたアレンに突き飛ばされ、頭を強打して病院に運ばれた。これがセーフと判定され、須藤監督が「守備妨害ではないか。選手が壊れたらどうするつもりだ」と烈火のごとく怒り、試合は緊迫した雰囲気が漂っていた。9回表、先頭打者のアレンに対し、大門は右打席に入ったアレンの背後を通過するボールを投げた。かろうじてボールを避けたアレンは、バットを投げ出し、マウンドの大門に向かって走っていった。

大門は必死に逃げた。一塁ベースを迂回して、センターまで逃げていった。高木豊や高橋雅裕がアレンを止めようとするが、突破された。

退場処分を受けたアレンは「意識して投げている。自分が退場なら、どうして相手投手も退場にしないんだ」。同僚のヤングも「投手が投げ終わった後にニヤッとした」と、試合後も興奮して話していた。

大門は、アレンの代打で登場した前田智徳を遊ゴロに打ち取るなど、この回を無失点に抑えた。ただ、試合は5対8で敗れている。

1993年（平成5年）オフに高木豊や屋鋪要らとともに戦力外通告を受け、自由契約となって阪神に入団した。1994年（平成6年）は5試合登板で未勝利に終わり、この年限りで現役を引退した。

■木田 勇

在籍期間／1986年―89年
投手／左投左打／1954・6・7生
試74 勝10敗24S1 防4・56
通算／試273 勝60敗71S6 防4・23

横浜一商（現・横浜商大高）から日本鋼管へ進み、1978年（昭和53年）の都市対抗では準優勝に終わったものの、久慈賞を獲得した。

同年のドラフトで大洋、広島、阪急が1位指名し、広島が交渉権を獲得するも、木田はこれを拒否した。

翌1979年（昭和54年）のドラフトでも巨人、日本ハム、大洋の3球団が1位指名した。2年続けて1位指名したのは大洋だけだった。しかし、交渉権は日本ハムが引き当て入団。1年目に22勝8敗4セーブ、225奪三振、防御率2・28、勝率・733という成績で、最多勝、最優秀防御率、最高勝率を獲得。史上初めて新人選手としてMVPも獲得した。

華やかな1年目だったが、翌1981年（昭和56年）は10勝10敗、1982年（昭和57年）は6勝8敗、1983年（昭和58年）は4勝6敗と、成績が下がっていく。1985年（昭和60年）が2勝4敗に終わると、1986年（昭和61年）には金沢次男、大畑徹との交換トレードで、高橋正巳とともに大洋へ移籍した。

チームにとっては、2年連続でドラフト1位指名した投手をようやく獲得したわけだ。大洋では1986年（昭和61年）こそ8勝を挙げたが、翌1987年（昭和62年）は未勝利、1988年（昭和63年）は1勝、1989年（平成元年）も1勝と結果を出せなかった。1990年（平成2年）は中日でプレーし、この年限りで現役を引退した。

1986年（昭和61年）6月10日には1イニング4連続被本塁打、1988年（昭和63年）9月6日には1イニング5連続与四球、1989年（平成元年）6月4日には初回先頭打者からの3連続ホームランを浴びるなど、不名誉な記録も残した。

野球において「たら」「れば」に意味はないが、もし日本鋼管からそのまま大洋ホエールズに入団していたら、一体どんな活躍をしただろうかと想像してしまう。

なお、大洋は木田を外した1978年のドラフトで高木昇一投手（勝山高）、1979年（昭和54年）は杉永政信投手（鯖江高）を外れ1位で獲得した。杉永は引退後、審判員に転じている。

■新浦壽夫

在籍期間／1987年―91年
投手／左投左打／1951・5・11生
試171　勝35敗47S3　防3・87
通算／試592　勝116敗123S39　防3・45

1968年（昭和43年）に静岡商のエースとして甲子園に出場して準優勝した。決勝までの5試合で3完封するなど活躍。当時の新浦は韓国籍で、ドラフトにかける必要がなかったため（その後改定）、中退してドラフト外で巨人に入団した。8月22日が甲子園決勝、わずか18日後の9月9日に巨人入団が発表されている。

１９７１年（昭和46年）に19試合に登板して４勝を挙げる。翌年は未勝利も、次第に登板数を増やしていった。

長嶋茂雄監督が就任した１９７５年（昭和50年）は先発、リリーフにフル回転して37試合に登板するが、２勝11敗と結果が伴わず、チームも最下位に沈んだ。それでも翌１９７６年（昭和51年）に11勝を挙げると、４年連続で２ケタ勝利を挙げるなど左腕エースに成長していった。

１９８４年（昭和59年）から３年間、韓国サムスンのエースとして活躍。３年間で54勝を挙げた。１９８５年（昭和60年）は25勝で最多勝を獲得した。

１９８７年（昭和61年）、35歳で横浜大洋ホエールズに復帰し、11勝してカムバック賞を受賞した。翌１９８８年（昭和62年）も10勝を挙げ、投手陣に欠かせない存在になった。

１９８９年（平成元年）は８勝と、２ケタ勝利に届かなかったものの、チームの危機を救う投球を演じた。６月20日の巨人戦（富山）で完封勝利を挙げ、前年から続く巨人戦の連敗を18で止めた。

さらに8月4日には完封して、横浜スタジアムでの巨人戦の連敗を9でストップさせている。

この試合は記録に残る。9回を除いて毎回走者を背負い、打たれた安打はなんと13本。新浦も試合後、こんなコメントを残している。「こんなに打たれて完封したなんて初めてじゃないかな。最低で最高のピッチングだったよ」

ベンチに戻るたび、古葉監督から「ヒットは何十本打たれてもいい。点だけはやるな」と激励されていたという。

1992年（平成4年）に福岡ダイエーホークスに移籍、この年のシーズン途中にヤクルトへ再度移籍した。

ヤクルトで2度目の先発となった8月16日の巨人戦（神宮球場）では5回途中まで2失点に抑え、斎藤雅樹に投げ勝ち、2年ぶりの白星を挙げた。

41歳で挙げたNPBでの通算116勝目。

「移籍してから仕事らしいことは何もしていなかったので一安心した。今日ぶざまな投球だったら辞めてもいいと思っていたけど、これだけ投げられれば、いつ辞めても悔いはないよ」

ヤクルトはこの年、野村克也監督のもとで14年ぶりのリーグ制覇を果たした。そして、新浦はこの年限りで現役を引退した。

愛称は「カッパ」。汗かきで、練習すると頭がずぶ濡れになることに由来する。巨人時代は汗かきを気にして専門医を訪れたこともあるが、単に体質と診断され、以後は汗が流れるままにしていたという。

ほかにも紹介したい選手はたくさんいる。勝利に貢献したり、横浜スタジアムを沸かせたり……いや、一軍の試合に出場できなかった選手たちも含めて、横浜大洋ホエールズというチームの魅力を作り上げたといっていい。しかし、ページ数の都合もあるので泣く泣く割愛し、次の章に移りたい。

いよいよ、横浜大洋ホエールズが最後のときを迎える。

第7章　ホエールズの名が消える

大魔神が初セーブ

古葉竹識監督の後任には、巨人の二軍監督を務めていた須藤豊監督が就いた。一、二軍を含めて巨人での指導者歴が長く、1980年（昭和55年）から2年間、大洋で二軍監督を務めた経験もあった。

巨人では、勝呂壽統、川相昌弘、呂明賜、緒方耕一、井上真二ら、須藤監督によって鍛られたメンバーが、この年のリーグ優勝に大きな貢献をした。

古葉監督という優勝経験のある名将の次は、若手育成に定評のある監督を選んだというわけだ。

大洋からの要請を受けた須藤監督は、巨人から強く慰留されている。それでも「チャンスがあるならチャレンジしたい」と巨人退団を決めた。

1989年（平成元年）11月2日、東京・大手町の巨人球団事務所で退団を申し入れると、正力亨オーナーからは「大洋で幸せになりなさい。ただ、巨人にいた方がもっと幸せになれるかもしれないけどね」と、微妙なニュアンスの言葉で送り出された。

また、「ほかのスタッフの引き抜きはダメです。出しません」とクギを刺すことも忘れなかった。

11月７日に大洋漁業本社で就任会見が行われた。３年契約で背番号は78。須藤監督は決意を述べた。

「私のような欠点だらけの男を、勇気を持って迎えてくれた。包容力ある大洋球団に感謝の気持ちでいっぱいです。指導理念はアグレッシブ（攻撃的）のＡ、ファンダメンタル（基本）のＦ、テクニック（技術）のＴを合わせたＡＦＴをテーマにしていきたい」

最下位に沈むチームの改善点にも触れた。

「まだ細部は分からないが、アウトラインだけ見れば投手に四球が多く、失策数がリーグ最多ということ。まず、この２点を改善していかなくては」

この年の大洋の失策数は90個で、その次に多いのが阪神の76個だから断トツだった。

中部新次郎オーナーは、期待を口にした。

「古葉君で優勝を狙ったが、うまくいかなかった。これを取り返すべく、須藤君を監督に迎えた。安全、確実、有利な方法で2、3年後には優勝をと考えている。必ずペナントを獲ってくれると期待している」

会見を終えた須藤監督は、その足で選手たちが練習している横須賀グラウンドへ向かった。

斉藤明夫を見つけると「アキオ、ヒゲが板についてきたなあ」と話しかけ、巨人二軍監督として対戦してきた若手にも「おい、やせたんじゃないか」などと、気さくに声をかけた。

「晴れてみんなの一員です。僕の原点は人間同士ということ。お互い、相談し合っていいものをつくっていこう。僕は知りたがり屋で、やりたがり屋だから、何でも教えてくれよ」

厳しくも明るい須藤監督は、確かに未熟な選手たちが多い横浜大洋ホエールズにぴったりだったかもしれない。

首脳陣は江尻亮ヘッドコーチ、小谷正勝投手コーチ、米田慶三郎守備走塁コーチら、大洋色が強いものになった。腹心を連れて来た古葉監督とは異なる組閣であった。

翌1990年（平成2年）の春季キャンプ。須藤監督は『成功の実現』（中村天風著＝日本経営合理化協会出版局）を持参した。

「この本は毎年キャンプに持っていき、何度も読み返している。自己管理の必要性を自覚させる内容で、もちろん選手ミーティングでも引用したいと思う」

グラウンドではマイクを使ってダミ声を響かせた。走者に向かって「ホーム、ホーム」を連呼するなど、先の塁を目指すアグレッシブさを求めた。さらには好プレーをした選手を呼び寄せて褒め称えるなど、コミュニケーションを重視した。

もちろん厳しさも伴う。2月17日の紅白戦では、正捕手への期待が高まる2年目の谷繁を呼びつけた。

「バカタレ！　谷繁、今朝俺は何と言った？　若さに怖さがないよ。横須賀に帰るか？　何のために練習しているんだ。チャンスは自分でつかめ！」

開幕メンバーを想定した紅組のスタメンに起用し、初回こそ宮里太の二盗を刺したものの、声も出ず、バッティングでもチャンスにフライを打ち上げるなど3打数無安打に終わった。

「引退前の選手みたいだ。ランナーをかえそうという気迫が出ていない。もう一度たたき直す。優等生はいらん。イージーにプレーしている。猪突猛進でいいんだ」

試合前に「選手は今、何をすべきかを常に問いかけていこう」と語りかけていた。若い谷繁には、誰よりもがむしゃらにプレーする姿勢を求めていたのだった。

4月7日、中日との開幕戦（ナゴヤ球場）は、この年からセ・リーグで導入された引き分け再試合の適用第1号となった。延長11回を終えたところで5対5の同点で、雨のため、審判団が協議の末、グラウンドコンディション不良で続行不可能と判断した。

1回裏に先発・中山が、立浪和義、ディステファーノに連続アーチを浴びるなどで3点を先制されたが、3回に高木豊の三塁打などで逆転。さらに追い付かれて同点で迎えた延長10回にはマイヤーのホームランで勝ち越すも、その裏に中村武志に同点アーチを浴びた。

延長11回にはルーキー佐々木主浩がデビューしている。のちに大魔神のニックネームで呼ばれ、1998年（平成10年）に38年ぶりの優勝に導き、大リーグでも活躍した大投手のスタートだった。

先にデビューしたのは同じドラフト1位の中日・与田剛。11回表無死一、三塁でマウンドに上がり、ストレート一本で田代富雄を投ゴロ、横谷彰将、宮里を連続三振に打ち取った。

その裏に登板した佐々木は、いきなり三冠王の落合博満との対戦となった。佐々木は「ビビった」というが、フォークボールで見逃し三振に打ち取る。

続く宇野勝に四球を与えたものの、バンスローを三振、大豊泰昭を二飛に抑え、無安打無失点に抑えた。最速は148キロだったが、試合後には「与田より出ていたはず。次の回もいくつもりだったのに」と、佐々木らしいコメントを残している。

佐々木は4月11日にプロ初セーブを挙げた。8回から登板し、この回は無失点に抑えた。9回先頭の小早川毅彦にセンターへの本塁打を浴びたが、後続をきっちりと抑えた。

初めてゲームを締めくくった佐々木は、握手を交わした須藤監督から「ホームランなんか打たれて……」と頭をげんこつでコツンとされたが、「できるだけ低めに投げようとした。初セーブはうれしいです」と笑顔で話していた。

佐々木はこの後、日本で252セーブ、大リーグで129セーブと、日米合計で381ものセーブを挙げる。栄光への第一歩だった。

11年ぶりの首位と長時間ゲーム

4月は10勝6敗1分と勝ち越すと、5月に入っても勢いは衰えない。

5月2日の広島戦（広島市民球場）は延長15回の末に3対3の引き分け。試合終了は午後11時25分。実に5時間24分と、当時の史上最長試合だった。引き分けではあるが、須藤監督は「よくやった。ご苦労さん」と言って選手を出迎えた。

「ゲームの流れなんか忘れたよ。13、14回ぐらいが本当に長い。とにかく選手に感謝しますよ。世の中いろんなことが起きるものだ。明日のため、早く寝る！」

なお、それまでの最長試合は1988年（昭和63年）8月4日の中日―大洋（ナゴヤ球場）の5時間21分。大洋が、大洋の最長試合を更新したのだった。

5月5日の阪神戦（横浜スタジアム）に勝つと、首位に立った。20試合以上を消化した時点で首位に立つのは、横浜移転の2年目、1979年（昭和54年）6月25日以来、11年ぶりのことだった。

さらに翌6日の同カードでは9イニングで最長となる5時間10分の試合を演じている。5回まで7点をリードされながらも、6回裏にマイヤー、パチョレックのホームランなどで一挙8点を奪って逆転した。ところが1点リードの9回表に遠藤が2点を奪われ、11対12で敗れた。両軍合わせて30安打、20四球の大荒れな試合だった。

この日の朝、須藤監督の母が亡くなったが、帰郷せず、指揮を執り続けていた。長時間試合は続き、8月4日の中日戦（横浜スタジアム）で再び記録を更新した。午後6時に始まった試合は、日付が変わった5日午前0時11分まで続いた。5対5の延長15回裏一死満塁、パチョレックがレフト前ヒットを放ち、サヨナラ勝ちした。両軍合わせて514球目で決着がついた。

この年3度目の5時間ゲームに、須藤監督は「前半のことは忘れたよ」と笑いながら「最後に報われた。パッキー（パチョレック）、田代、新浦、遠藤。ベテランの味が出た」と称えた。

この時点で、球界の長時間ゲームは1位から3位まで大洋が占めることとなった。

❶5時間51分（90年8月4日）　大洋6―5中日　（横浜＝15回）
❷5時間24分（90年5月2日）　広島3―3大洋　（広島＝15回）
❸5時間21分（88年8月4日）　中日5―5大洋　（ナゴヤ＝12回）
❹5時間15分（69年10月10日）　近鉄4―4ロッテ（日生＝13回）
❺5時間10分（90年5月6日）　阪神12―11大洋　（横浜＝9回）

延長15回、引き分け再試合という制度が生み出したものでもあるが、試合が長いのも、横浜大洋ホエールズの持ち味だったかもしれない。

結局この年は64勝66敗3分と負け越したものの、7年ぶりのAクラス入りを決めた。

オバQ田代　涙の満塁ホームラン

翌1991年（平成3年）のシーズンはサヨナラ勝ちで始まった。

4月6日の阪神戦（横浜スタジアム）、この年から加入したレイノルズが初打席のライト前ヒットなど4安打の活躍を見せた。

1点を追う9回裏、代打・二村忠美のホームランで同点に追い付き、延長に入った。延長11回無死満塁の好機をつくると、パチョレックがレフト前ヒットを放って勝利を決めた。

4月を終えた時点で10勝7敗1分と勝ち越し、首位につけていたが、5月に11勝14敗、6月は7連敗もあって6勝15敗と大きく負け越し、下位に低迷した。

結局、3位の前年と同じ64勝66敗1分の借金2ながら順位は5位に終わった。

このシーズンの終盤には、大洋の歴史に残る名場面があった。田代富雄の引退試合である。

1991年（平成3年）10月10日、このシーズン限りで引退を決めた田代はダブルヘッダーの第2試合に「4番サード」でスタメン出場した。

第1打席はセカンドゴロに終わり、迎えた3回裏の第2打席。二死からレイノルズの内野安打と2連続四球で無死満塁のチャンスが巡ってきた。

田代が阪神・葛西稔のカーブをとらえると、打球は雨が降る空に高々と舞い上がっていった。全盛期を思わせる滞空時間の長い打球が左翼スタンドへと落ちた。

「バットの先っぽだったし、最近飛距離が落ちたから、届くかどうか心配だったけど、神様が味方してくれたのかな。ヒット1本打てればと思っていたのにホームランとは……」

通算278本目のホームランに、田代は男泣きした。

「王さんとは比べものになりませんが、278回、ファンに夢を与えられたと誇っています」

7月20日の広島戦（横浜スタジアム）で先発して無安打に終わったとき、引退を決意したという。だが、二軍に落ちた後も、田代の立ち居振る舞いに変化はなかった。20歳も年下の若手選手とともに汗を流し、イースタン・リーグの優勝争いに全力を注いだ。おおらかで明るく、何事にも手を抜かない。チームメートに愛され、ファンに愛され……そんな田代に、神様が味方をしてくれたのだろう。

田代、そしてファンの涙につられたように雨も強くなり、8回裏の攻撃途中で降雨コールドとなった。

田代はバットを振り込んでホームラン打者に成長した。オールスターのとき、風呂場で王貞治と一緒になった。田代はのちに、そのときのことを振り返っている。

「裸になったら、すごい体をしている。『王さん、何かトレーニングをやられているんですか?』と聞いたら『俺はバットを振って振って、こういう体になったんだ』と言われた。そうかと思った。当時はウエート・トレーニングも多少はあったんですけど、それよりもバットを振りました」

引退後は解説者を経て、指導者に転じ、幅広い経験をした。一、二軍打撃コーチ、湘南シーレックスといわれていた二軍の監督……2009年にはベイスターズの大矢明彦監督の休養に伴い、監督代行も務めた。

韓国球界も経験し、東北楽天ゴールデンイーグルスでもコーチを務め、星野仙一監督のもとで球団初の優勝に貢献した。さらに巨人、再び横浜DeNAベイスターズと、ユニフォームを着続けている。

今なお「オバQ」のニックネームで親しまれている。

「いまだにオバQって言われますね。オバケみたいにホームランを打つということで付けられたと思うんですけど、そうやって覚えていただけるのは本当にありがたいことですよ」

さて、田代の引退試合から4日後となる10月14日の中日戦（ナゴヤ球場）で、タイプはまったく違うが、新しいスラッガーが一軍デビューを果たした。

鈴木尚典である。

静岡県浜松市の出身で、横浜高から前年ドラフト4位で入団した。1年目は二軍でも7安打しか出なかったが、最終戦で一軍を経験している。

5番ライトでスタメン出場し、左飛、左飛、三振と3打数無安打と結果は出ず、途中でベンチに下げられた。

彼が頭角を現すのは球団名が横浜ベイスターズに変わってからで、横浜大洋ホエールズの2年間では1本のヒットも放っていない。

「あっという間の2年間でした。ぜんぜんプロのレベルではありませんでしたし、3、4年この調子でやっていたらクビになるだろうと思っていました。生意気ですけど、小中高のときって大して努力しなくても1番でいられた。でも、プロに入ったら自分なんて大したことがなく、まったく通用しないわけですから」

支えになったのは、横浜高時代の渡辺元智監督の言葉だった。

「ドラフト後に言われたんです。『横浜高校から地元のプロ球団である横浜大洋ホエールズに入るんだから、絶対にお前を応援してくれる人がいるはずだ。たくさんの人に応援してもらえる選手になれ』と」

新たに二軍打撃コーチとなった竹之内雅史コーチに見いだされ、次第に才能を発揮し始める。

1997年（平成9年）、そして38年ぶりの優勝を果たした1998年（平成10年）には首位打者に輝き、マシンガン打線を引っ張った。西武との日本シリーズではMVPを獲得する。

横浜大洋ホエールズとしては一度も優勝できなかったが、その系譜はつながっているのだ。

須藤監督の休養、退任

3年目を迎える須藤監督は、キャンプイン初日にユニークな指令を出した。「グラウンドで弱音をはいたら罰金1000円だ！」

「消極的な言葉は行動にも表れる」という理由で、会話から積極性を出そうという目的だった。

罰金1号は佐々木主浩だった。全員による5キロ走の際、ベテランの斉藤明夫に声をかけられ、つい答えてしまった。

「俺より速く走れよ」

「それは無理っすよ」

これで1000円の罰金となった。

ルーキー斎藤隆は、ノックの際に守備を褒められた。東北福祉大2年まで内野手をしていたのだった。黙って喜んでおけばいいところを斎藤隆は謙そんしてしまった。

「いや、本当にうまかったらピッチャーになっていません」

これで1000円。さらにフォローしようと「でも事実なんです」と言って、計2000円の罰金になった。

須藤監督には別の狙いもあった。

「共通の関心があれば、選手間に連帯感が生まれやすいでしょう。もちろん首脳陣も弱音をはけば罰金です」

前向きな発言はもちろん、首脳陣や選手を含めて共通の話題で盛り上がっていこうというわけである。

「弱音をはかない」

それは須藤監督が、自分自身に向けて言い聞かせていたのかもしれない。

２年目のシーズンを終えた１９９１年（平成３年）12月末、エースとして期待が高かった中山裕章が強制わいせつなどの容疑で逮捕された。

須藤監督にとっては、高知商高の後輩でもあり、ことさらに目をかけていた。中山の登板時にマウンドに出向いたとき、母校の校歌をうたって激励したこともあった。

須藤監督のショックは大きく、また監督責任も痛感していた。球団に進退伺いを出し、結果的にそのまま続投となったものの、意気消沈したままキャンプを迎えていた。いや、監督だけでなく球団全体が動揺していたといっていい。

チームをまとめるべく、須藤監督はキャプテン制を復活させて高木豊を指名した。選手会が結成されてから選手会長がリーダー役になっていたが、須藤監督は「選手会とキャプテンは別もの」と判断した。

また、各ポジション別にもリーダーを決め、投手は岡本透、内野手は清水義之、外野手は山崎賢一が担った。

懸命に盛り上げようとするが、開幕から4連敗を喫した。

4月4日の中日戦（ナゴヤ球場）は開幕投手の野村弘樹が、1回裏に宇野勝にホームランを浴びるなど4失点した。打線はレイノルズが開幕戦2年連続で4安打したものの、2点及ばなかった。

翌5日の同カードは4対4の同点で迎えた9回裏一死満塁で、佐々木主浩が代打・立浪和義に押し出し四球を与えてサヨナラ負けを喫した。開幕連敗は8年ぶりだった。

地元開幕となる同7日の広島戦（横浜スタジアム）では、ドラフト1位ルーキー斎藤隆が初登板で初先発も、5回途中まで7三振を奪いながら6四球と大荒れ。3失点で敗戦投手になった。1963年（昭和38年）以来、29年ぶりとなる開幕3連敗を喫した。

さらに翌8日の同カードは、先発の田辺学が3回7安打3四死球で7点を失いKO。レイノルズが3安打を放ち、4試合で3度目の猛打賞と打ちまくるが、勝利には結び付かず、12球団で唯一白星がない状態となった。

連敗を止めたのは、2年目の盛田幸妃だった。

先発して3回までノーヒットに抑えるなど、6回1安打1失点。2番手の佐々木が3回を3失点しながらも、打線の援護もあってリードを守り切った。のちに「ダブルストッパー」と呼ばれる盛田―佐々木のリレーで、ようやくシーズン初勝利を挙げた。

次戦から再び4連敗を喫し、またも盛田が止めた。

4月16日の阪神戦（甲子園球場）に先発し、9回を4安打3四球1失点。3三振が示すように持ち球のシュートを多用して、打たせて取るピッチングができた。盛田にとってはプロ初完投でもあった。

試合後、須藤監督は大喜びで言った。

「おいマネジャー、ピッチャーの給料を全部盛田にやってくれ」

盛田は函館有斗高から1987年ドラフト1位で横浜大洋ホエールズに入団した。漁業を営む父が、漁の最中に発病し、大洋漁業の船に助けられたという縁があった。

盛田が生まれる前の1963年（昭和38年）11月、盛田の父・武男さんがカムチャツカ沖でサケマス漁をしていたときに急性盲腸炎になってしまった。そのとき、近くにいた大洋漁業の母船「地洋丸」が20時間かけて駆けつけ、武男さんは同船の中で緊急手術を受けたという。

長嶋一茂（立大）の外れ1位ではあったが、父を救ってくれた会社の球団に指名された盛田は「入団してお父さんの恩返しをしたい」と意欲を語っていた。

先発としても2度の開幕投手を務めたが、主にリリーフとして活躍し、佐々木との「ダブルストッパー」は相手チームの脅威となった。

１９９７年（平成９年）12月、中根仁とのトレードで近鉄に移籍したため、翌１９９８年（平成10年）の優勝メンバーにはなれなかった。

それどころか、かつてのチームメートたちが優勝争いをしている9月、脳腫瘍が見つかり手術を受けた。たびたび足が痙攣（けいれん）するので検査を受けたところ、ゴルフボールよりも大きな腫瘍が見つかった。

リハビリを経てマウンドに戻ると、２００１年（平成13年）には１０８２日ぶりの白星を挙げ、オールスターにも出場し、近鉄のリーグ制覇に貢献し「奇跡のリリーバー」と呼ばれた。

引退後は解説者として活動し、指導者としてユニフォームを着る夢も持っていたが、何度かがんが再発して入退院や手術を繰り返し、2015年（平成27年）10月16日に転移性悪性腺腫のため死去した。

それから4年後、横浜DeNAベイスターズが球団創設70周年を迎えた2019年（令和元年）、球団はファンの意見で、歴代OB選手のベストナインを決める「ALL TIME BEST NINE」という企画を実施した。中継ぎ部門では盛田が選ばれた。ホエールズからベイスターズへ変わっていく時期、チームを支えたピッチャーをファンは忘れていなかった。

さて、1991年に話を戻す。

盛田の活躍もあったが、4月は7勝13敗で最下位に沈んだ。

4月30日は試合がなかった。横浜スタジアムでの練習に参加した須藤監督は、長内孝を一塁に固定し、シーツをレフトに回す案を報道陣に語った。

「本当はもっと早く行うはずだったが、長内の離脱で延び延びになっていた」

月が変わって出直したい5月1日も2対9と大敗を喫した。13被安打、9失点ともシーズンワーストタイ。この試合中、ベンチで須藤監督が、ベテラン屋鋪を怒鳴りつけるシーンもあったという。

「ファンに申し訳ない。家庭（地元）をエネルギー源にしなければならないのに……」

同2日は2対0とリードした7回表、野村が中日打線につかまり、リリーフした欠端光則、東瀬耕太郎も止められず、この回10点を失うという屈辱の試合になってしまった。6対14の大敗だった。


この試合後、須藤監督は岡崎球団社長に「休みたい」と申し入れた上で、辞意も示唆したという。

翌3日の午後0時20分……午後1時プレーボールの中日戦の40分前、桜井薫球団代表が須藤監督の休養を発表した。

「昨日（2日）の試合終了後、須藤監督から岡崎（寛）社長の方へ休養したいと申し出がありました。休養中は江尻（亮）チーフコーチが監督代行を務めます」

休養の理由としては「チームが厳しい状態にあること」「そのため心労が重なり体調が芳しくない」という二点を挙げた。

ただ、自宅で取材に応じた夫人は「体調はまったく関係ありません。成績だけの理由です」と語った。

監督代行に就いた江尻チーフコーチは、３日の球場入り後に球団から正式通達され、そのまま試合で指揮を執った。

「これまで須藤監督がやってきたことは間違っていない。今まで通りアグレッシブな気持ちで戦おう」

選手たちに声をかけて臨んだ初戦、先発した有働克也が７安打１失点の完投でプロ初勝利を挙げた。

有働は前日２日の試合中に須藤監督から先発を告げられ「お前は気持ちを前向きに、コースをつければ必ずやれる」とアドバイスを受けたばかりだった。

２ホーマーを放ったシーツも、３回に左肩へ死球を受けると、マウンド上の上原晃をにらみつけ、マウンドへ向かっていこうとした。両軍ナインがベンチから飛び出し、事なきを得たが、須藤監督が求めていたアグレッシブな姿を見せた。

しかし、順位は上がっていかなかった。８、９月と勝ち越して最下位は脱出したものの、５位が精いっぱいだった。

ベイブリッジスも候補だった

横浜大洋ホエールズの親会社、大洋漁業は変革のときを迎えていた。コーポレート・アイデンティティ（CI）を進め、1993年（平成5年）の会社操業日にあたる9月1日、社名を「マルハ」に変更すべく準備を進めていた。

社名変更に先立ち、球団名の変更を検討していた。球団株を持つニッポン放送の関連会社であるフジテレビから人材を招き入れ、マーケットリサーチやアイデア拠出を行った。

捕鯨反対の国際事情から、まず「ホエールズ」の廃止が決まる。1950年（昭和25年）に球団が発足してから、洋松ロビンスだった1953、54年をのぞき、43年間にわたって親しまれてきた球団名が消えることになった。

新名称には地元横浜に密着したイメージを高めることが必須とされ、港町から「ベイ（湾）」がつくチーム名がいくつか上がった。

その中には1989年（平成元年）に開通したベイブリッジから「ベイブリッジス」

もあったという。最終的に「湾（ベイ）」に輝く「星（スター）」として、「ベイスターズ」に決まった。

また企業名は入れず、地域名だけを入れる「横浜ベイスターズ」という形に落ち着いた。

遠藤の引退試合にデビューした三浦大輔

1992年（平成4年）の最終戦、10月7日の巨人戦（横浜スタジアム）は横浜大洋ホエールズとして迎える最後の試合であり、遠藤一彦の引退試合でもあった。

遠藤は先発マウンドに上がり、2回を無失点3奪三振で締めた。

1回一死一、二塁のピンチには伝家の宝刀フォークボールで、東海大の後輩、巨人原辰徳をセンターフライに打ち取った。

「辰には三振してくれと言っていたんだけど(笑)。自分らしい投球を見せられてホッとした」

最後は岡崎郁、村田真一を連続三振に打ち取った。

セレモニーで「来年からはOB、ファンとして新生ホエールズを応援していきたい」とスピーチすると、巨人ファンを含めたスタンドから遠藤コールが巻き起こった。

のちに遠藤は15年間を振り返って話している。

「横浜大洋ホエールズに自分も少しは貢献したのかな。大した数字を残していないのに、エースと呼んでもらえて良かったと思うし、横浜大洋に入って良かったです。でも、優勝はしたかった。他のチームのビールかけを見ると、あの雰囲気は優勝しないと味わえないのだなと悔しかったです。現役のときに味わいたかったですね」

134勝128敗58セーブ。成熟したチームで全盛期を迎えれば、勝ち星ははるかに増えていただろう。しかし、勝てないチーム、横浜大洋ホエールズにとって、背番号24は希望の星だった。

遠藤がいない横浜大洋ホエールズなど考えられない。かけがえのない存在だった。

降板した後は島田直也が4回1失点でしのぐと、7回から3番手でルーキー投手がプロデビューのマウンドに上がった。

奈良・高田商高からドラフト６位で入団した三浦大輔だった。

７回は吉村禎章を遊ゴロ、岡崎を二ゴロ、村田を左飛。続く８回は代打・大久保博元を二飛、篠塚利夫を三振、上田和明を一邪飛と、２回を１人の走者も許さず無失点で抑えた。

ドラフト下位で入ったルーキーの注目度は低く、当時の新聞を見てもデビューの記事さえ載っていない。しかし、のちに振り返ってみれば、球団の歴史をつなぐリレーになったといっていい。

大洋漁業から社名変更したマルハは、２００２年（平成14年）にＴＢＳ（東京放送）に球団株式を譲渡して経営から離れた。さらにＴＢＳはＤｅＮＡに売却する。

本拠地やチーム名は変わっていないものの、親会社が相次いで変わる混乱に見舞われた。

球団方針が定まらない影響もあったのか、チームは２００２年から２０１５年までの14シーズンでＢクラス13回、最下位10回という暗黒時代に陥った。唯一のＡクラスとなった２００５年も69勝70敗７分と負け越していた。

2003年（平成15年）、2004年（平成16年）とOBの山下大輔監督が指揮を執ったが、以降はOBとの縁も希薄になっていた。

そんな暗黒時代も、三浦は常に球団の顔だった。負けが続いても投げやりな態度や、しらけた表情をすることはない。優勝した1998年と同じように闘志を持って、そして冷静に投げ続けた。

大洋漁業からマルハ、TBS、そしてDeNA。

経営者が変わっても、フロントや監督が交代しても、三浦だけは変わらなかった。あの日、マリンブルーのユニフォームを着て、遠藤一彦の引退試合でデビューした18歳のピッチャーは、球団の歴史をつなぐ「くさび」に育っていった。

その歴史を、三浦とともにプレーし、三浦監督に指導を受けた選手たちが、後世に引き継いでいってくれるだろう。

第８章　山下大輔インタビュー
〜なぜ横浜大洋ホエールズは勝てなかったか？〜

山下大輔氏は慶応大から、1973年（昭和48年）ドラフト1位で大洋ホエールズに入団した。川崎球場を本拠地に4年間、そして横浜スタジアムに移転してから10年間プレーした。8年連続ダイヤモンドグラブ賞（現ゴールデン・グラブ賞）を獲得する名ショートとして知られる。

引退後は指導者、そしてフロント幹部として幅広い経験を持つ。1998年（平成10年）に横浜ベイスターズが38年ぶりの日本一に輝いたときはヘッドコーチ、2003年（平成15年）から2年間は一軍監督を務めた。さらには東北楽天ゴールデンイーグルスで編成本部長とフロントのトップも経験している。

2009年（平成21年）から2年間は大リーグ、ロサンゼルス・ドジャースの育成部門に属し、ルーキーリーグなどで若手選手を指導した経験も持つ。

再び横浜DeNAベイスターズに戻って二軍監督、GM補佐、さらにはBCリーグ神奈川フューチャードリームスのGM、現在はファーム新球団くふうハヤテベンチャーズ静岡のGMも務めている。

引退後に培った幅広い視野も含め、横浜大洋ホエールズを振り返ってもらった。

◎

――横浜スタジアムへの移転は1978年（昭和53年）でした。

山下　川崎球場で4年プレーしたからプロ5年目だね。川崎球場にも良さがあって……たとえばラーメンがおいしいとかね。愛着はありましたけど、新しい球場はきれいで選手も喜んでいた。とにかく広く感じた。フェンスの高さもありましたから。

――この年の開幕前に横浜市内をパレードしています。

山下　覚えてないなあ。パレードといえば、やっぱりベイスターズで優勝した98年の記憶が鮮明だね。ただ、横浜移転で、街の雰囲気も変わったといったら川崎の人に怒られるだろうけど、外国人墓地もある国際都市の横浜に来て、洗練されたイメージになりましたね。

――移転と同時にユニフォームも一新されました。

山下　川崎時代のオレンジと緑のユニフォームは、私が生まれた静岡名産のお茶とみかんに由来するという説もあって、思い入れもありましたけど、新しいユニフォームも「スマートで横浜らしい」と評判が良かったですね。

――川崎最後の1977年（昭和52年）8月から、横浜初年度の1978年（昭和53年）にかけて322守備機会連続無失策という記録をつくりました。球場が変わったことで変化は？

山下　球場が変わったからというのはないですね。人工芝になって実際は差があるのかもしれないけど、そういうことで変わるならば本物の守備ではない。

――途切れたのは5月16日、横浜スタジアムでのヤクルト戦。ショートゴロを捕球して一塁に悪送球でした。

山下　ちょうど結婚する時期で、（結婚式の）試食会に出てから球場入りした日だった（笑）。いつもファーストは松原（誠）さんだけど、その日に限って、守備があまり得意ではないダニー・ウォルトンが守っていて、あとで松原さんは「俺なら捕ってやったのに」と言ってくれます。振り返ってみても、無失策の記録も周りに助けられてできたものです。入団した頃はボイヤー、シピンがいて、松原さん、そして名手の米田（慶三郎）さんがいた。チームは優勝できなかったけど、守備に関してはナンバーワンだった。そういう人たちに引っ張ってもらいました。

――横浜移転後は4位、2位と順位が上がるも、3年目からは4位、6位、5位とBクラスが続いた。いい選手がいるのに勝てませんでした。

山下　別当（薫）監督のときに2位になったけど、首位に大差をつけられての2位でした（広島に６ゲーム差）。横浜に移転してムードも高まったんだけど、どうしてもシーズン途中で息切れをしてしまう。チームの総合力として、なかなか及ばなかったんだろうね。

何がチームに足りなかったのか

――その原因はどんなところにあるのでしょう？　ＧＭも経験した視点から振り返ってください。

山下　やっぱりチームの総合的な力。ピッチャーが足りないところはあったと思います。（斉藤）明雄、遠藤（一彦）という両輪がいて、先発と抑えをやってくれたけど、それに次ぐ投手が……その時々ではいても、ある程度そろわないと、ペナントでの優勝争いはできないですよね。

――では、もし監督、ＧＭとして当時のチームを率いるならば、まずはピッチャーを補強する。

山下　やっぱりピッチャーだね。ただ、日本のドラフトは完全ウェーバーではないし、今でこそ人気の格差もなくなって、どの球団に指名されても選手が入団するようになったけど、当時は希望球団でなければ拒否もあった。外国人選手も、一線級の投手は補強が難しい。どの球団も手放さないからね。そういう意味では、なかなか難しかったでしょう。

――Bクラスが続いた頃のチーム内のムードは？　あきらめのようなものはありましたか？

山下　あきらめはない。秋口になると消化試合になる年が続いたけど、それでもお客さんが入ってくれたし、あきらめたようなプレーや試合はしちゃいけないと、それは強く思っていました。

――負けが続いたとき、チームリーダーとして、どのようにホエールズを引っ張ったのでしょうか。

山下　野球は1人じゃできないから、やっぱりチームのつながりは大事にしようとは思っていましたね。

――斉藤明雄さんは「山下さんら先輩に『打たれても下を向くな』と声をかけられたと言っています」。また、屋鋪要さんは、「ピッチャーへの文句を言っていて、山下さんに『みんな一生懸命やっているんだから、そういうことを言うな』と怒られた」と言っています。

山下　屋鋪と（高木）豊に注意したかな。ロッカーで「これだけ打たれると疲れてイヤになっちゃう」と言っていた。確かにピッチャーが打ち込まれると、守っている時間も長くなるし、自分にも同じ思いがあったんだけど、若手の、これからチームの中心になっていく選手がそういうことを言うような雰囲気は良くないと思ったんでしょうね。

――温厚な山下さんが怒るのは珍しいですね。

山下　私が怒ったのは、このときと、ベイスターズのコーチ時代に波留（敏夫）がある試合で全力疾走をしなくて「ちょっと来い」とベンチ裏に引っ張っていったときの2回だけじゃないかな。野球はチームプレーだから、そういう部分は大事にしたい気持ちがありました。

――ホエールズでは、負けると監督交代という繰り返しでした。

山下　現役時代の14年間で8人……単純計算すると1人で2年続いていない。それぞれの監督に特徴があって勉強にはなりましたけどね。関根（潤三）さんのようにおっとりして、好々爺のようでいて、実は厳しかったり。近藤貞雄さんのような（投手陣の）ツープラトンをやったり、内野をコンバートして私もセカンドにいくわけですけど。あとはスーパーカートリオも近藤さんの発想でしょう。古葉さんは優勝経験のある人だから、やっぱり野球をよく知っていました。

――頻繁な監督交代を選手たちはどう受け止めていたのでしょう？

山下　優勝できなければ代わるのが当たり前のような感じになってしまったけど、やっぱりやるのは選手だから。いい選手が集まって優勝すれば、監督は名将になる。監督が交代するっていうのは、選手たちに責任がありますよね。

――長嶋茂雄さんを招聘していた当時、次期監督が決まらず、山下さんが球団に引退を申し入れるという騒動がありました。

山下　辞めるとは言っていないけど……まだ年齢的に辞めるような時期じゃないからね（当時29歳）。ただ、そういうチーム状態に不満というか、「ポイントはそこじゃないだろう」というのはあったね。球団としては長嶋さんを呼ぶことで宣伝効果もあるし、そのあと（長男の）一茂が入ってくればというのもあったのかな。やっぱり勝つことより、人気とか、そういう面ばかりになっていると自分なりに感じて、「そんなこと言っていたらいつまでも勝てない」「勝てるチームにならないだろう」と、そういうことを（球団に）言ったこともあったかもしれない。

――さまざまな経験を積んだ今、チームの監督はどのような観点から選ぶものと感じていますか。

山下　いい選手がそろうことが勝てるチームの条件だけど、監督は選手それぞれの個性を引き出していくことでしょうね。「ないものねだり」ではなく、そのチームにいる選手たちの能力を発揮させる起用法……雰囲気作り、コミュニケーションも大切だけど、基本的には選手の個性の見極めができて、それを1年間うまくまとめていける人ですね。例えば、監督がスモールベースボールに徹したいと考えていても、足が速い選手がいなければできない。だから、そのチームにいる選手たちを見極め、それに応じた野球ができることだと思います。

――なるほど。結果は別として、横浜大洋ホエールズ時代にもっとも総合力が高かったと思うのは、どの時期のチームですか？

山下　そうだねえ。田代（富雄）という大砲がいて、明雄と遠藤という両輪がいて、そこに足のある豊、屋鋪、そして（加藤）博一というスーパーカートリオがいた時期は、それぞれの選手に個性があったチームでした。いいチームだったと思いますよ。近藤貞雄監督の頃ですね。

ホエールズが愛され続けた理由

――横浜大洋ホエールズとして優勝できませんでしたが、ファンに愛されました。その理由はどんなところにあるでしょう?

山下　もともと大洋ホエールズは「すごい強いな」と感じる試合もあれば、「なんで、こんなに弱いんだろう?」という試合をするようなところがあった。「野武士軍団」というのかな。大相撲の「柏鵬時代」にたとえて、ホエールズは、大鵬ではなく柏戸と言われたこともありましたね。柏戸も強かったけど、コロッと負けたりしてね。そういうところを応援してもらえたのでしょうかね。

――「ホエールズ」の名がなくなったことは、どう感じていますか。

山下　横浜ベイスターズになったのは、今思うと、画期的ですよね。アメリカの大リーグのように、そしてサッカーのJリーグのように地域名だけで、企業名を外したんですから。親会社よりも地域。そういうプロ野球界になってほしいと思いますよ。もともと横浜の人々は巨人ファンが多かったと思うんですよ。東京もすぐ近いですから。それが今や横浜のチームになったのは、地域名を前面に出したことも大きかったと思います。

――さびしさもありませんか？

山下　今も、サインを頼まれると「ホエールズ」って書くんですよ。どこのチームを入れようかなと思うけど、やっぱり「ＷＨＡＬＥＳ」になる。この年齢になったこともあるけど、昔のチーム名をね。色紙に太いマジックで大きく「Ｗ」から書くと、割と書きやすい。それを崩して書くんです。

◎

山下氏は、チーム名やオーナー企業が変わっても、球団に貢献し続けてきた。日本一に輝いた１９９８年（平成10年）のヘッドコーチ、さらには２００３年（平成15年）から2年間務めた監督など、ベイスターズの姿が強く印象に残るファンも多いだろう。

しかし、何と言っても「ホエールズのスター」である。

川崎球場時代のオレンジと緑のユニフォーム、そして横浜移転後のマリンブルーのユニフォームを着て、軽快で、やわらかな、流れるようなフットワークでゴロをさばき、ゆっくりと一塁へ投げてアウトにする。ショートに打球が飛べば、アウトは間違いなかった。

グラウンドを離れても、穏やかな表情、やさしい語り口調で、決して人の悪口を言わない。リーダーである彼の性格は、そのままチームの雰囲気に結び付いていたのだろう。

スポーツ、野球は勝利を目指してプレーするものだが、それと同じぐらい大切なものもたくさんある。

横浜大洋ホエールズには、優勝を除くすべてが備わっていた。足りないのは優勝だけだった。そんな気がしてならない。

PROFILE

山下大輔（やました・だいすけ）

1952年3月5日生まれ。静岡県出身。清水東高から慶大を経て、ドラフト1位で73年大洋(現DeNA）に入団。76年から83年まで8年連続でダイヤモンドグラブ賞（現ゴールデン・グラブ賞）を受賞した。81年にベストナイン。88年シーズン前に引退後は、横浜ヘッドコーチ、監督、二軍監督、楽天ヘッドコーチなどを歴任。通算成績は14年間で1609試合出場、1378安打、129本塁打、455打点、打率.262。現在はファーム新球団くふうハヤテベンチャーズ静岡のゼネラルマネージャーを務めている。

エピローグ

1998年（平成10年）11月3日、みなとみらいのホテル「パシフィコ横浜」からオープンバスが出発した。

バスには38年ぶりのリーグ優勝、そして日本シリーズ制覇を果たした横浜ベイスターズの面々が乗っていた。横浜スタジアムまでの約2・2キロの道のりを優勝パレードしようというのだった。

予定では、オープンバスに主力選手22人が乗り、残りの11選手が後続の通常バスに乗ることになっていた。しかし、出発直前になって進藤達哉が言い出した。

「みんなで勝ち取った優勝なんだから全員で乗りたい」

この言葉をきっかけに全33人がそろって乗り込み、オープンバスは出発した。

半分を過ぎたところで、沿道から紙吹雪が舞い上がり、バスに乗る選手たちからは空が見えないほどだったという。大魔神こと、佐々木主浩がおもむろにジャンパーを脱いで群衆に向かって投げ入れると、大きな歓声が上がった。佐々木はキャラクター人形にサインをして、投げ続けた。

「最後は投げるものがなくなっちゃいました。これだけの人たちに応援してもらっていたのだと感じました」

集まったファンの人数は球団発表で約40万人。神奈川県警の発表は21万人と大きな差があるが、それでも、いかに盛り上がっていたかが分かる。

権藤博監督は、バスの上からファンに手を振っているとき、沿道に立つ1人に目が留まった。遺影を手にしていた。

「持っていた方のお父さんでしょう。私と同年代ぐらいでした。38年ぶりは本当に長かったんだと、あらためて感じました」

権藤監督は60歳になる年だった。遺影の人物が権藤監督と同い年とすれば、大洋ホエールズが優勝した1960年（昭和35年）は12歳、ホエールズが横浜に移転してきた1978年（昭和53年）は30歳。

ずっと応援していたのだろうか。

応援しても、優勝には届かない。それどころかBクラスに低迷して、監督が代わり、「次こそは……」と大きな希望を抱くが、また勝てない。その繰り返しだった。

それでも応援して、横浜スタジアムでの優勝を見ることなく逝去したのだろう。

「お父さん、やっと優勝したよ」

そんな思いで遺影を手にパレードを見つめていたに違いない。

大洋ホエールズの施設応援団長を務めていた池杉昭次郎さんも、2度目の優勝を見ることはできなかった。

池杉さんは25歳の頃からホエールズに声援を送り続け、優勝した1960年も川崎球場で応援旗を振っていた。36年間におよぶ応援団生活の中で、たった一度の優勝だった。

横浜スタジアムに移転して横浜大洋ホエールズになってからも応援し続け、月々の給料も、ボーナスも、退職金の多くも入場料や遠征の費用に充てた。チームが下位に低迷しても、池杉さんは選手を責めるような発言をしたことがなかったという。

「明日があるじゃないか」

それが口癖だった。

1991年（平成3年）8月に他界した池杉さんは、翌年限りで「ホエールズ」の名がなくなるとは想像もしていなかっただろう。横浜ベイスターズになって、それから6年後の1998年に2度目の優勝を果たす。

そんな「明日」を見たかったに違いない。

1978年（昭和53年）3月30日。

川崎から横浜に移転してきた大洋ホエールズの選手たちは10台のオープンカーに分乗し、神奈川県立博物館から伊勢佐木町への道のりを約2キロ、パレードした。

横浜移転を歓迎する市民が約3万人集まり、選手たちに歓声を送った。感激した当時の中部新次郎オーナーに「秋には優勝パレードをしないといかんね」と声をかけられた別当薫監督は「そうですね」と真顔で答えた。

優勝パレードが実現するまで、それから30年が経っていた。

そのパレードからも長い月日が流れた。

再び横浜が沸き返る日が来たら、横浜市内で3度目のパレードが行われる日が来たら、あのチーム……一度も優勝できなかった「横浜大洋ホエールズ」も思い出してほしい。

マリンブルーのユニフォームに身を包み、負けても、負けても「明日」を目指した15年間があったことを。

主な参考文献

『日刊スポーツ』
『神奈川新聞』
『週刊ベースボール』
『週刊ベースボールONLINE』
『横浜スタジアム物語』（山下誠通＝神奈川新聞社、かなしん出版）
『サムライ野球と助っ人たち　横浜球団スカウトの奮闘記』（牛込惟浩＝三省堂）
『大戦前夜のベーブ・ルース 野球と戦争と暗殺者』（ロバート・K・フィッツ／訳・山田美明＝原書房）
横浜スタジアム・ホームページ
野球殿堂博物館ホームページ
日本野球機構ホームページ

横浜大洋ホエールズ 年度別チーム成績(1978年〜1992年)

年度	監督	順位	試合	勝	敗	分	勝率
1978	別当 薫	4	130	64	57	9	.529
1979	別当 薫	2	130	59	54	17	.522
1980	土井 淳	4	130	59	62	9	.488
1981	土井 淳	6	116	38	71	7	.349
	山根俊英	6	14	4	9	1	.308
1982	関根潤三	5	130	53	65	12	.449
1983	関根潤三	3	130	61	61	8	.500
1984	関根潤三	6	130	46	77	7	.374
1985	近藤貞雄	4	130	57	61	12	.483
1986	近藤貞雄	4	130	56	69	5	.448
1987	古葉竹識	5	130	56	68	6	.452
1988	古葉竹識	4	130	59	67	4	.468
1989	古葉竹識	6	130	47	80	3	.370
1990	須藤 豊	3	133	64	66	3	.492
1991	須藤 豊	5	131	64	66	1	.492
1992	須藤 豊 ※1	5	22	7	15	0	.318
	江尻 亮 ※2	5	109	54	54	1	.500

※1981年の土井監督は開幕から9月24日まで。山根代行監督は9月26日から閉幕まで
※1＝1992年は開幕から5月2日まで
※2＝5月3日から閉幕まで

著者プロフィール

飯島智則（いいじま・とものり）

1969年横浜市生まれ。1993年日刊スポーツ入社。

主にプロ野球担当として1998年横浜（現DeNA）の38年ぶりの日本一、2000年ONシリーズ、大リーグ、球界再編後の制度改革などを取材した。

野球デスクなどを経験し、現在は特別編集委員。

著書に『松井秀喜メジャーにかがやく55番』『イップスは治る！』『イップスの乗り越え方』（企画構成）。

プロ野球《やきゅう》 球団《きゅうだん》ドラマシリーズ

横《よこ》浜《はま》大《たい》洋《よう》ホエールズ

マリンブルーの記《き》憶《おく》

1978年《ねん》～1992年《ねん》

2024年7月31日　第1版第1刷発行

編　　集／ベースボールマガジン編集部《へんしゅうぶ》
著　　者／飯島智則《いいじまとものり》
発 行 人／池田哲雄
発 行 所／株式会社ベースボール・マガジン社
〒103-8482
東京都中央区日本橋浜町2-61-9　TIE浜町ビル
電　　話　03-5643-3930（販売部）
　　　　　03-5643-3885（出版部）
振替口座　00180-6-46620
https://www.bbm-japan.com/

印刷・製本／共同印刷株式会社

ISBN 978-4-583-11519-1　C0075